Biblioteca de Derecho Penal y Procesal Penal
Carlos Pérez del Valle
(Director)

Justo Edward Nieves Chero
Daniel Armando Pisfil Flores
Carlos Antonio Agurto Gonzáles
Sonia Lidia Quequejana Mamani
(Coordinadores Generales)

FRANCESCO CARNELUTTI

El Problema de la Pena

Ediciones Olejnik

© Ediciones Olejnik
Huérfanos 611, Santiago-Chile
E-mail: contacto@edicionesolejnik.com
Web site: http://www.edicionesolejnik.com

ISBN: 978-956-392-052-9

Diseño de Carátula: Ena Zúñiga
Diagramación: Luis Sierra Cárdenas

Impreso en Argentina 2018 Printed in Argentina

Índice General

- Prólogo 9

I

Pena y delito

1. La experiencia de la retorsión. 17
2. La pena como daño. 17
3. Relación causal entre delito y pena. 18
4. Relación entre el ofendido y el que infiere el castigo. 19
5. Relación formal entre penar delito. 19
6. Ley natural de la pena. 20
7. La pena como restauración del orden. 21
8. La pena como represión del delito. 22
9. Eficacia preventiva de la pena. 24

II

Pena y libertad

10. Correlación entre delito y pena. 29
11. Talión. 29
12. Evolución de la pena. 30
13. Equivalencia entre delito y pena. 31
14. La pena como sujeción. 31
15. El delito y la libertad. 32
16. Homogeneidad entre delito y pena. 33
17. Heterogeneidad entre delito y pena. 34
18. Pena, arrepentimiento, penitencia. 35
19. Pena de muerte. 37

20. Penas y medidas de seguridad. 38
21. Medidas de seguridad pecuniarias. 39
22. Medidas de seguridad corporales. 39
23. Reclusión. 40
24. Problema espiritual de la reclusión 43
25. El proceso penal como pena 45
26. Delitos y coturaoenciones *. 46

III
Pena y juicio

27. Pena privada y pública. 53
28. La pena como proceso 54
29. Cognición y ejecución penal. 56
31. Errores judiciales. 58
32. Proceso penal y proceso civil. 59
33. Carácter de la jurisdicción penal. 60
36. Cosa juzgada y preclusión en el juicio penal. 65
37. Límite de perfectibilidad del juicio penal. 69
38. El amor y el juicio. 71
39. El amor y la expiación. 72

Prólogo

Francesco Carnelutti fue un jurista, profesor y maestro italiano de varias generaciones en el mundo. Casi ni necesita presentación, pues sus obras han transcendido en el espacio y tiempo.

Es de conocimiento que el maestro de Udine escribió diversas obras en el ámbito jurídico, siendo su mayor contribución al Derecho Civil y Derecho Procesal. No obstante ello, también dedicó parte de su vida a reflexionar sobre el Derecho Penal y Procesal Penal, es por ello, la existencia de tres obras que estudian los tópicos anunciados como son: *"El problema de la pena" (1945)*, *"Miserias del Proceso Penal"* (1957), y *"Principios del Proceso Penal"* (1960).

En estas obras destacan sus reflexiones en cuanto al problema de la justicia penal, la falta de "humanidad" de la misma, entre otros temas donde busca concientizar que la justicia penal debe ser más igualitaria, justa y humana.

En el caso del presente libro: *"El problema de la pena"*, el maestro italiano, reflexiona sobre el alma humana, la libertad del hombre, el arrepentimiento y la relación que tienen las mismas con la justicia penal, específicamente con el delito y la pena. En el desarrollo de la mencionada obra, se podrá encontrar una gran "dosis" de moralidad, además tiene una gran influencia de la religión cristiana no es casualidad que mencione en varios pasajes del porqué un inocente si es condenado debe actuar con "amor al prójimo" "amor a Dios". Asimismo, demuestra en su discurso una gran importancia al hombre, el hombre libre y que hace lo correcto; no olvidemos que este libro fue publicado en el contexto de la segunda guerra mundial, donde los derechos del hombre y su desarrollo jugaron un papel importante en el devenir de la historia de posguerra.

El pensamiento de Carnelutti en cuanto justicia penal, es sumamente ético, y menciona que el problema de la pena es un problema moral. En este sentido, resalta que la pena es retorsión, y eco del delito, por lo que, el delito y la pena son el anverso y el reverso de la misma medalla. Asimismo, considera a la pena que su principal función es la represión es vez de prevención, siendo la segunda una función accesoria. Señala que cualquier definición que se pretenda dar del delito hace referencia al desorden, siendo esto último un rompimiento de equilibrio, que pone en movimiento fuerzas para restablecerlo. Al desorden debe seguir algo que valga para eliminarlo. Este algo es la pena, cuya razón, por tanto, consiste en la restauración del orden violado. La pena debe servir no para quitar sino para dar libertad.

Para el maestro italiano, la libertad no es la abstracta posibilidad de escoger entre el bien y el mal, sino la concreta potencia de escoger el bien, y así la fuerza de liberación del peso de la carne. Una cosa es ser libre, otra es ejercitar la libertad. Quien es siervo no puede liberarse; pero quien es libre puede servir. El delito no es, pues, ejercicio, sino no ejercicio de libertad. Por lo tanto, el concepto de libertad también es moral. Sucediendo lo mismo con la reclusión. El arrepentimiento consiste en comprender la regresión, que elimina el pecado y el delito: la verdad es que el alma, a diferencia del cuerpo, puede remontar el problema del tiempo.

Precisa que el problema no es solo la pena y su ejecución, sino también el proceso penal puesto que también simboliza una pena, en razón al sufrimiento que conlleva afrontarlo, donde además se pueden cometer errores judiciales -condenar a un inocente o absolver a un culpable-. También precisa que el problema del proceso, mucho más que un problema de leyes, es un problema de hombres y de cosas. El hombre, desgraciadamente, no tiene la fuerza necesaria para alcanzar la verdad o la justicia absoluta; pero la tiene para aproximarse cada vez más.

Resulta necesario, acotar que la presente obra se escribió a mediados del siglo XX, sería mentir que ha influenciado en demasía el pensamiento y continuidad de la Ciencia Penal, no obstante, dada la función que da a la pena se convierte en parte de la escuela clásica del derecho penal, su influencia ética en los conceptos del derecho penal, como es el delito o la pena hace recordar que en ninguna ciencia o rama del Derecho existen dogmas, o conceptos absolutos, Carnelutti, replantea el pensamiento penal de su época y lo hace desde el lado ético, algo difícil en nuestro tiempo, donde el hombre ha dejado de ser el principal fin del Derecho Penal, su resocialización, su rehabilitación ya no importa mucho.

Debo acabar estas líneas, recomendando la lectura de la presente obra, la cual es un cúmulo de reflexiones únicas de Francesco Carnelutti, su contribución al derecho penal desde el punto de vista del jurista que es humanista, que se preocupa por los problemas de su tiempo, el cual debe ser el sendero de todo aquella persona que se dedique a las ciencias jurídicas. Asimismo, deseo agradecer la invitación de la presente editorial, en especial a Carlos Agurto, que me encomendó la grata tarea de prologar esta gran obra del profesor italiano Francesco Carnelutti.

Daniel Armando Pisfil Flores[1]

Lima, setiembre de 2016.

1 Asesor del Gabinete de Asesores de la Fiscalía de la Nación (Perú). Maestría en Ciencias Penales en la Universidad Nacional Mayor de San Marcos. Maestría en Derecho Procesal en la Pontificia Universidad Católica del Perú. Postitulo en Derechos Fundamentales en la Pontificia Universidad Católica del Perú. Especialización en Derechos Fundamentales en la Universidad Complutense de Madrid. Investigador y Docente Universitario. Ganador de la Beca Líder (Fundación Carolina) y Beca Aristóteles (Pontificia Universidad Católica del Perú).

Queridos amigos:

Debo a la paz de vuestra casa hospitalaria la posibilidad de haber continuado meditando en torno a un tema altísimo; tan alto que quizá no es posible llegar más arriba en la escala del saber o, al menos, en la de saber el derecho. A nadie sino a vosotros podrían ir dedicadas las breves páginas en que se recogen estas meditaciones.

El problema de la pena, que es, en el fondo, una servidumbre, es, y no puede dejar de ser, el problema de la libertad. ¿Constituye una casualidad que el fruto, ya maduro, haya caído del árbol entre vosotros? "Liberi, come gli avi; e pria la morte che, vivendo, il servaggio"(*). No hay casualidades en la vida, sino sólo un divino designio que los hombres, con frecuencia, no consiguen descifrar. El fruto se ha separado del árbol con la brisa, que me ha reanimado en val di Muggio cuando, en un mediodía de domingo la bondad me salió al encuentro, entre un repicar de campanas y de esquilas, con la antigua vestidura de un pastor.

El pequeño libro tiene, desgraciadamente, el defecto de los últimos míos: el pensamiento destilado, lo mismo que el agua, no es bueno para el consumo sin una cierta preparación. Es necesario que el lector tenga paciencia y se las arregle como pueda. Por lo demás, en mis libros más recientes (particularmente en la Introducción al Estudio del derecho), se podrán encontrar los elementos para ello. En un cierto momento de su desarrollo ocurre a ciertos pensadores un hecho singular y, después de todo, desagradable: que toleran cada vez menos la confusión de las palabras. De lo que casi no me atrevo a aducir un grandísimo ejemplo que, aun reconociendo las distancias, constituiría un acto de soberbia por mi parte; pero, en suma, el desdén de Beethoven por el "maldito instrumento" lo experimento yo también. De la servidumbre del lenguaje, que es un cuerpo, el espíritu se querría ver libre; también éste es un anhelo de libertad, de la suprema libertad, que dentro de poco me espera, si Dios me ayuda a saberla merecer.

(*) Libres como los antepasados; y mejor la muerte que, viviendo, la servidumbre.

He hecho esta observación a fin de pediros perdón a vosotros y a los demás lectores, por no haber sabido escribir un libro preparado, diría, para la degustación. Pero no estando destinada esta obra a entretener, sino a hacer pensar a su vez a aquellos, a los cuales incumbe la tremenda responsabilidad del poder, espero que el defecto no lo hará inútil del todo.

Redactado y publicado entre vosotros, el libro está destinado a volver a Italia, donde, en gran parte, ha sido ideado. En la reconstrucción de nuestras leyes, que -con la ayuda de Dios-, se deberá hacer, el derecho penal no puede dejar de tener uno de los primeros puestos. Bajo una pompa de conceptos barrocos, más bien que clásicos, el derecho penal italiano, de Zanardelli a Alfredo Rocco, desgraciadamente ha degenerado. Una comparación, aun cuando sea sumaria, entre vuestro código y el nuestro nos puede dar la prueba de ello: no obstante ser el derecho penal suizo técnicamente perfecto, emana de él, como de todo en este país, un aire de sencilla humanidad, que edifica y consuela. En el fondo, lo que yo auguro al derecho penal de mi patria es que llegue a ser sencillo y humano.

A esa finalidad tiende este pequeño libro. Desde hace varios años, en una tenaz competición, los italianos han quitado a los alemanes la primacía en la ciencia del derecho. Pero no tienen barreras los caminos del pensamiento. No importa que las ciudades de Italia estén devastadas si sabemos hacer resplandecer en ellas la luz del ingenio. Las horas más oscuras de nuestra historia han estado siempre iluminadas por ella. Nuestra superioridad, era en el campo del derecho penal en el que más se manifestaba; pero estos campos, si no son asiduamente trabajados, pronto se hacen estériles. Sabemos hoy en día muchas cosas en torno al delito; pero muchas menos en torno a la pena; y lo poco que se sabe acerca de ella es más bien del lado del cuerpo que del lado del espíritu. Es hora de que se procure reaccionar contra este abandono.

¿He de añadir que el trabajo para contribuir, con mis pobres fuerzas, a la reacción ha confortado el dolor del exilio y que también de este consuelo os soy deudor?

F. C.

Octubre de 1943.
A la familia del abogado Arnaldo Bolla.
Bellinzona.

I
PENA Y DELITO

SUMARIO:

1. La experiencia de la retorsión. - 2. La pena como daño. - 3. Relación causal entre delito y pena. - 4. Helación entre el ofendido y el que infiere el castigo. - 5. Relación formal entre pena y delito. - 6. Ley natural de la pena. - 7. La pena como restauración del orden. - 8. La pena como represión del delito. - 9. Eficacia preventiva de la pena.

1. La experiencia de la retorsión.

Para llevar a cabo una investigación científica, se necesita, ante todo, la reducción del dato a los términos mínimos o, en otras palabras, su simplificación.

El dato penal, en la fase actual de la civilización, está complicado por algunas sobreestructuras, las cuales ocultan, como una corteza, la forma originaria. Para simplificarlo, un expediente útil es la observación de aquellos pueblos y de aquellas personas sobre los cuales no ha operado todavía la civilización; tales son, por ejemplo, los chiquillos.

Es raro que una criatura no reaccione ante una ofensa; si observamos su reacción, se descubren fácilmente en ella los caracteres de la pena. Cuando un compañero de juegos le dice una palabra insolente, que él considera no haber merecido, la reacción consiste en retorcerla, lo que quiere decir injuriar, a su vez, a menudo con la misma palabra, al injuriador; si alguno lo censura por la injuria proferida, él inmediatamente se justifica alegando la injuria recibida.

Tratemos de reflexionar un poco acerca de esta experiencia elemental.

2. La pena como daño.

Una observación elemental nos muestra que la segunda injuria, lo mismo que la primera, es un mal. Mientras cada una de ellas se considera en sí misma, independientemente de la relación recíproca, ninguna diferencia puede apreciarse entre la una y la otra: si a quien me dirige una palabra injuriosa le respondo con la misma palabra, cada uno de nosotros hace exactamente la misma cosa.

Si en el segundo de estos actos, como se dirá dentro de poco, se debe ver una pena, ello significa que también la pena, lo mismo que el delito, es un malo, en términos económicos, un daño; cuando el homicida, a su vez, es matado por el verdugo, en lugar de una sola, hay dos muertes; parece, por eso, a primera vista, que el castigo, a un mal, añada otro.

3. RELACIÓN CAUSAL ENTRE DELITO Y PENA.

Entre los dos males ahora observados, se aprecia, sin embargo, una relación cronológica en el sentido de que uno de ellos precede al otro. Si dos males, o si se quiere decir daños, son simultáneos, ninguno de los dos puede ser una pena con respecto al otro. Verdaderamente la relación entre delito y pena es tal que el delito es un prius y- la pena un posterius.

Pero es también cierto que la relación cronológica entre dos males, aun cuando sea necesaria, no es suficiente para hacer de uno de ellos respecto al otro una pena: si las injurias proferidas por mí son varias, aun cuando una de ellas no pueda dejar de producirse después de la otra, cualquiera comprende que la segunda podrá ser otro delito, pero una pena no.

Es, por tanto, una fácil intuición que un mal, para ser una pena, no debe ser respecto de otro solamente un post hoc sino un propter hoc; la relación cronológica entre ellos es un aspecto de la relación causal. Si, según la ley penal, quien injuria a aquel que lo ha injuriado, concurriendo ciertas condiciones, no comete un delito precisamente porque, como veremos, inflige una pena, ello depende de que la segunda injuria deriva de la primera. La alegación que, ante la censura por la injuria proferida, el chiquillo hace de la injuria recibida, quiere decir precisamente esto: que la causa de lo que él ha hecho está fuera de él, quien no ha hecho más que dar continuación a algo no comenzado por él; por eso él, con frecuencia, antepone o concluye no haber sido causa o no tener culpa de lo que ha ocurrido.

4. Relación entre el ofendido y el que infiere el castigo.

De la conexión causal entre un mal y el otro, de donde proviene a este último el carácter de pena, se encuentra, en el caso que estamos observando, un síntoma en la identidad de la persona, que padece el primero e infiere el segundo; aparece así que el segundo mal es, como se dice, una reacción contra el primero.

Por ahora basta con que tal identidad sea observada.

Veremos que, con la evolución del instituto penal, la cual en primer lugar se resuelve en la sustitución de la pena pública a la pena privada, este carácter parece haberse perdido; pero no se trata más que de una apariencia, y una observación más atenta nos podrá mostrar hasta qué punto a la misma corresponda la realidad.

5. Relación formal entre penar delito.

Otro síntoma de la conexión causal en el dato propuesto es la identidad, no sólo entre la persona que padece un mal y que produce otro, sino también entre el mal sufrido r el mal infligido: identidad, pues, objetiva además de subjetiva. En el ejemplo, sobre el cual hasta ahora hemos trabajado, tamo bién bajo este aspecto la identidad es manifiesta: aunque no sea esencial, es natural que la retorsión de la injuria -la cual precisamente se explica por el carácter de pena reconocido a la injuria lanzada por el injuriado-, consista en el acto de restituir, que éste realiza con respecto al injuriador, la misma ofensa que ha recibido de él.

También éste es un modo de ser de la pena, el cual, en el camino del progreso del instituto penal, parece que se vaya perdiendo: la identidad objetiva es manifiesta en la fórmula del talión, pero el talión pertenece a una fase primitiva del derecho, el cual, a medida que la supera, parece alejar, desde el punto de vista de la identidad objetiva, el delito de la pena; en particular, esta impresión está determinada por una tendencia notable del derecho penal moderno, en el que a la creciente multiplicidad de delitos corresponde una siempre creciente uniformidad de las penas. Prescindiendo, por ahora, de toda aclaración de este fenómeno, será de observar más adelante si bajo la aparente heterogeneidad formal del delito y de la pena no existe una más profunda identidad, la cual reconduzca también las manifestaciones más evolucionadas del derecho penal a la verdad intuida por la ley del talión.

6. Ley natural de la pena.

Si, meditando siempre en torno al simple dato, que nos ha servido como punto de partida, tratamos ahora de explicar el propter hoc que, en cuanto conecta al delito la pena, encierra el secreto de ésta, se nos ocurre parangonar aquel dato al rebote de una pelota: cuando alguno retuerce la injuria recibida, se diría que la injuria retorna al injuriador, de la misma manera que el eco hace retornar una palabra a quien la ha pronunciado. Concebir la pena a la manera del eco del delito es ciertamente una metáfora; sin embargo, semejando, como he dicho muchas veces los parangones a las vueltas, que hacen menos áspero el camino del pensamiento, se verá en seguida cómo este giro es útil para aproximarnos a la meta.

Una causa y un efecto no se pueden dar sin una ley. Cuando una pelota lanzada contra el muro rebota, o bien, en ciertas condiciones, un sonido repercute, los físicos enseñan que ocurre así según una ley natural, la cual ellos consiguen formular exactamente. En el campo penal, nosotros observamos series de fenómenos igualmente constantes los cuales resulta igualmente cierto que están vinculados por una ley natural. Admitir que responda a una ley el rebote de una pelota o la repercusión del sonido y que, en cambio, la retorsión de una injuria no sea más que un caso, no se puede explicar sino con una actitud mental, o mejor con un hábito mental, que -si las ciencias sociales quieren finalmente salir del estado de inferioridad en que, respecto a las ciencias físicas, desgraciadamente han permanecido- se debe superar. Cuando la relación entre dos casos se repite de un modo uniforme, el caso desaparece. Por lo demás, no siendo nuestro hacer otra cosa que un rehacer, así como nuestro pensar no es otra cosa que un encontrar, si los hombres han formado leyes, según las cuales quien comete un delito es castigado (o sea que al delito se vincula la pena), estas leyes artificiales no pueden dejar de tener su modelo en una ley natural, de la cual la ley jurídica es una imitación.

No se puede dar a esta ley otra fórmula sino diciendo que a un mal determinado por el hombre, cuando concurran ciertos caracteres, debe seguir otro mal proporcionado a aquél; determinar esos caracteres es necesario, por tanto, para la más exacta formulación de la ley, y éste es el cometido de la teoría del delito. La cual leyes, pues, una ley natural, que constituye el fundamento de las leyes jurídicas penales; tan natural como las leyes que regulan el movimiento de los astros o la caída de los cuerpos; y si esta ley no existiese, no podría existir la pena y, correlativamente, el delito.

7. La pena como restauración del orden.

Ahora se debe tratar de llevar la investigación un poco más adelante reflexionando en torno a aquella relación de las leyes con el orden, que constituye uno de los temas más altos, sobre los cuales pueda trabajar el pensamiento. Si en las leyes de la naturaleza se manifiesta a los hombres el orden del universo, que sólo a través de las leyes ellos consiguen comprender bien, cuando una ley se actúa el orden se cumple ; por eso la función de un efecto o, en suma, el por qué de su vinculación a la causa es su correspondencia al orden del universo o sea la contribución que se aporta a su cumplimiento.

Cualquier definición que se pretenda dar del delito hace referencia al desorden; en tal concepto, se resuelve la violación de una ley. El desorden es como un rompimiento de equilibrio, que pone en movimiento fuerzas para restablecerlo. Al desorden debe seguir algo que valga para eliminarlo. Este algo es la pena, cuya razón, por tanto, consiste en la restauración del orden violado. Así se ve que la pena es, naturalmente, un igual porque es un contrario del delito.

El que su función sea la expresada, además de deducirse racionalmente de la existencia de una ley, que liga la pena al delito, empíricamente se evidencia por la conformidad que los hombres experimentan ante la pena expiada por quien ha cometido el delito. La conciencia no es quizá otra cosa, después de todo, que sensibilidad al orden, cuya turbación provoca en nosotros un sufrimiento, y cuyo restablecimiento, en cambio, al eliminar el sufrimiento, satisface una necesidad. Que la muerte del matador ocasione a los terceros un estado de ánimo, más que diverso, contrario a aquel derivado de la muerte de la víctima, es 'una experiencia segura y decisiva. Si existiese un aparato apto para registrar estas reacciones, sus indicaciones se invertirían, según que una injuria sea o no sea lanzada contra quien, a su vez, ha injuriado.

8. La pena como represión del delito.

A este modo de concebir la razón de la pena puede oponer un grave obstáculo la concepción, o mejor la limitación, temporal de la realidad, tal como se expresa con la fórmula factum infectum fieri nequit. Si aquello que es hecho, es hecho y no puede convertirse en no hecho, la pena podrá, desde luego, impedir un nuevo hecho, pero no eliminar el hecho ya acaecido; tal es el fundamento de la inclinación a resolver en ne peccetur el quia peccatum est o, como acostumbramos a decir, la represión en la prevención. No se puede negar que cuando se contrapone ésta a aquélla, la idea de la represión es más bien intuida que concebida, o sea expresada en un concepto: a la pregunta por qué se reprime nosotros no sabríamos, en definitiva, responder sino porque reprimiendo se previene un nuevo delito; pero así, inadvertidamente, el pensamiento se desliza de un concepto a otro.

La verdad es que sólo operando en el campo del espíritu y por eso superando, con la sustitución de lo eterno a lo caduco, la concepción temporal de la realidad, podemos entender la verdad de la represión como restauración del orden violado. Por eso, tampoco el problema de la pena se resuelve sin la ayuda de algunos instrumentos elementales del pensamiento, entre los cuales el concepto del tiempo tiene una importancia particular. Es necesario saber que el tiempo, como el espacio, del cual es una simplificación, y también la forma, de la cual a su vez el espacio se abstrae, no son más que apariencias, con las cuales la realidad se manifiesta a nuestro limitado intelecto, incapaz de comprenderla bien en la infinidad, que es su verdad. Por eso, que aquello que es hecho no pueda convertirse en no hecho es algo que nos aparece porque nuestros ojos no consiguen ver la represión; nosotros somos como los animales que saben caminar por una vía solamente; pero Este límite, en virtud del cual, con expresión vulgar, el tiempo no vuelve atrás, está en nosotros, no en la realidad. Ahora bien, si con nuestros sentidos estamos condenados dentro de ese límite, con la razón podemos tratar de superarlo. Cuando, del concepto de las leyes, que son abstracciones del orden, conseguimos subir a su síntesis, esto es, al orden en sí mismo, no nos encontramos ya sobre el plano de lo finito. Lo infinito no sabemos cómo es; pero qué es, constituye el resultado de nuestra experiencia más segura. Si no podemos, durante la vida terrena, evadirnos del tiempo, debemos, sin embargo, estar ciertos de que la realidad está fuera del mismo. Después de eso el factum infectum fieri nequit no debería ya impedirnos aislar la represión de la prevención, y reconocer en ella la razón fundamental de la pena. De la pena es necesario tener el atrevimiento de pensar que posee verdaderamente la virtud, no tanto de prevenir un delito todavía no cometido, como de eliminar el delito ya cometido. A los juristas les ayuda en este punto el concepto de la restitutio in integrum, útil al menos como síntoma de nuestra necesidad de retroversión del tiempo. A este propósito acostumbran ellos a hablar de ficciones; pero no existen ficciones sin un modelo real; y el modelo nos lo proporciona la intuición de un mundo sin tiempo. De todas maneras, si queremos atenernos a una cuota más accesible del pensamiento, bastará decir que si el daño como hecho material no se presta a ser cancelado, otra cosa ocurre en cuanto al delito como hecho espiritual parque para el espíritu, que es eterno, no existe pasado. Más adelante, al tratar de aclarar las relaciones entre el delito o la pena y la libertad, puede ocurrir que esta verdad, tan luminosa como para deslumbrar a quien la mire, pueda sorprendernos un poco menos.

Aquí añado que para este esfuerzo y para este triunfo del pensamiento están mejor preparados aquellos a los cuales la fe cristiana ha abierto las puertas del arrepentimiento y del perdón. El cristiano, aun cuando no llegue a ver cómo ocurre esto, no experimenta ninguna dificultad para creer que el arrepentimiento merezca el perdón y que el perdón destruya el pecado. Una razón más para convencerse de que la fe abre los ojos a la ciencia en lugar de cerrarlos. No desespero de poder aclarar, dentro de poco, la parte que tenga el arrepentimiento en la teoría de la pena.

Deriva de todo esto que, en el terreno de la terminología, conviene mucho más, para definir la función de la pena, el concepto de la represión que el de la retribución. Este último ayuda, desde luego, a poner el acento sobre su fundamento moral, pero mucho menos a denotar la relación entre pena y delito, la verdad de la cual está en la eficacia eliminativa de la primera respecto al segundo, de donde, si en el plano de lo finito la pena se agrega al delito, en el plano de lo infinito se le contrapone y lo cancela. Reprimir se dice precisamente de una acción, la cual impide que alguna cosa venga al mundo o permanezca en el mundo, ejercitando una presión contraria a aquella por la cual la misma tiende a venir o a permanecer. Si la primera impresión de quien observa el delito o la pena es, como yo mismo he señalado, que la pena sea otro mal, y de ahí el que la relación entre ellos se definiría con la fórmula aritmética de la adición: d (delito) + p (pena), ésta, si continuamos reflexionando, se manifiesta como una impresión falaz, de donde a la fórmula de la adición aritméticamente se sustituye la de la sustracción: d - p; más eficaz es la representación algebraica, la cual permite construir la pena como un número negativo, de manera que la suma de ella con el delito, en cuanto el segundo mal sea verdaderamente proporcionado al primero, debería ser cero; cómo pueda ser éste el resultado de la operación es el aspecto práctico del problema de la pena.

9. Eficacia preventiva de la pena.

Lo que hasta ahora se ha dicho no excluye, en absoluto, que, aparte de la función represiva, consistente en restaurar el orden violado, la pena tenga, además, la de impedir sus ulteriores violaciones; pero son dos funciones distintas y diversas y la diversidad se resuelve en una preeminencia de la primera en comparación con la cual la segunda es una función accesoria.

Esto quiere decir, sobre todo, que aun cuando pudiese ser seguramente excluido que el delito pueda repetirse por obra de quien lo ha cometido o de otros, la pena, sin embargo, debería ser infligida porque su finalidad primera no: es la de impedir que otros delitos se lleven a cabo, sino la de obtener que el delito cometido se cancele. No haberse dado cuenta de esta verdad es el error más grave de la escuela positiva; error inevitable, porque la dirección positivista (o se puede decir, sin inexactitud, materialista) del pensamiento debía precluir el paso de lo finito a lo infinito o, en otras palabras, del cuerpo al espíritu, aprisionando el problema dentro de los confines de la defensa social y confundiendo así, como se dirá mejor, la medida de seguridad con la pena.

Puede parecer, a primera vista, que este error teórico 'se traduzca prácticamente en el instituto del perdón judicial en cualquiera de sus formas; pero que cuando el juez, comprobado el delito, no inflige la pena, no corresponda al delito ninguna pena es una ilusión, que no desespero disipar dentro de poco; la verdad es que creyendo no castigar en estos casos, sin embargo, se castiga y, por tanto, no obstante la falsa opinión de los hombres, obra rectamente la naturaleza.

Así como fuera del campo espiritual la función represiva de la pena no se puede comprender, así también cuando de represión se habla, ésta es confundida con la venganza, de lo que en ciertos aspectos el novísimo derecho penal alemán ofrece más de un triste ejemplo; al menos los positivistas han tenido el mérito de sustituir a la venganza la defensa social.

Y esto, entiéndase bien, no es un mérito de escasa importancia. Que, en el tema verdadero de la pena, la función preventiva se coloque en segundo plano, no disminuye en absoluto su valor. La verdad es que, en la lucha contra el delito, la prevención no tiene menos importancia que en la lucha contra la enfermedad. Hay también remedios cuya eficacia es solamente preventiva: tales son las medidas de seguridad. Políticamente, se debe en gran parte a la escuela positiva el impulso para su desarrollo. Científicamente, su contribución ha sido la de aclarar el concepto, el cual había estado hasta ahora involucrado en el concepto de la pena; por desgracia, según la ley del péndulo, buena también para la evolución de la ciencia, la misma ha caído, sin embargo, en el exceso contrario: antes la pena absorbía la medida de seguridad; después la medida de seguridad ha absorbido la pena.

El resultado científico, a que este estudio tiende, debería ser el de llevar a cabo la escisión de los dos conceptos. Como siempre, esta exactitud es la premisa necesaria para la solución práctica del máximo problema penal.

II
PENA Y LIBERTAD

SUMARIO:

10. Correlación entre delito y pena. - 11. Talión. - 12. Evolución de la pena. - 13. Equivalencia entre delito y pena. - 14. La pena como sujeción. - 15. El delito y la libertad. - 16. Homogeneidad entre delito y pena. - 17. Heterogeneidad entre delito y pena. - 18. Pena, arrepentimiento, penitencia. - 19. Pena de muerte. - 20. Penas y medidas de seguridad. - 21. Medidas de seguridad pecuniarias. - 22. Medidas de seguridad corporales. - 23. Reclusión. - 24. Problema espiritual de la reclusión. - 25. El proceso penal como pena. - 26. Delitos y contravenciones.

10. Correlación entre delito y pena.

En la fórmula matemática, que nos ha servido para aclarar la función de la pena, si el resultado de la suma de los dos números que representan, respectivamente, el delito y la pena, ha de ser igual a cero, estos dos números, positivo y negativo, deben igualarse: si $d - p = 0$, es claro que $d = p$. En palabras sencillas, delito y pena deben ser, exactamente, anverso y reverso de una misma medalla; la diferencia no está más que en ser el uno el anverso y la otra el reverso, o sea, algebraicamente, el uno un más y la otra un menos.

Ahora bien, para conocer, después de la función, la estructura de la pena, conviene meditar en torno a tal igualdad y a tal diferencia.

11. Talión.

A primera vista, se diría que los dos males, en que respectivamente delito y pena consisten, deben resolverse en un sufrimiento del ofensor idéntico al sufrimiento del ofendido. A esta solución primitiva del problema de la pena, se ha visto ya que corresponde el problema del talión.

La raíz de este principio es tan profunda que, no obstante el tan alabado progreso del instituto penal, el mismo no ha sido completamente extirpado en los pueblos civilizados; en particular la muerte del reo, donde ha sido conservada o restablecida por las leyes, es sólo de aquel principio del que repite verdaderamente su carácter penal; cuando, por ejemplo, las formas más graves del homicidio son castigadas con la muerte, no se explica de otra manera la función represiva de esta medida sino infligiendo al ofensor el mismo mal que él ha ocasionado al ofendido. Si, en rigor, parece que no pueda decirse esto en cuanto a los delitos que, castigándose con la muerte, son diversos del homicidio, la relación en cuanto a ellos se establece, entre los dos males ocasionados al ofensor y al ofendido, si no en orden a la cualidad, en orden a la cantidad, y de ahí que la pena capital, que se considera como el mal más grave que se puede ocasionar al ofensor, parece adecuarse a los delitos, por los cuales el ofendido sufre el daño más grave, que por el ofensor le pueda ser producido.

12. Evolución de la pena.

Pero el que a la semejanza, cualitativa o cuantitativa, entre el delito y la pena, se deba su eficacia represiva, es fruto de una visión del problema totalmente ingenua y superficial, cuya razón se pondrá de manifiesto al tratar, dentro de poco, de descubrir esta eficacia. La verdad es que tal semejanza, si atribuye a los dos términos del binomio un valor aritmético igual, no confiere de ninguna manera al segundo un valor negativo; el error del talión está, pues, en sumar los dos males en lugar de restar el segundo del primero. Por eso hoy en día se reconoce universalmente, al menos de palabra, su incivilidad, hasta el punto de que, en las leyes modernas, por lo que se refiere a la mayor parte de los delitos, está abandonado. Quien desee tener la confirmación de esto puede reflexionar que mientras su actuación implicaría una igual variedad de penas y de delitos, es un carácter terminante del derecho penal moderno la diferencia, y hasta el contraste, desde el punto de vista de la cualidad, entre el delito y la pena: las variedades del delito van siendo cada día más mientras las variedades de la pena, con el progreso del derecho, van siendo cada día menos; hoy en día las penas se reducen, entre los pueblos verdaderamente civilizados, o al menos parecen reducirse, a la reclusión (entendida en sentido genérico, comprensivo de toda especie de pena carcelaria; sentido en el cual esta palabra será usada siempre aquí) o a la obligación de pagar una suma de dinero (también en sentido genérico, multa). Una igualdad, cualitativa o cuantitativa, en la relación entre pena y delito, del mal ocasionado a las dos partes queda, pues, excluí da.

La cuestión relativa al origen histórico de estas dos penas no presenta dificultades: la multa deriva del resarcimiento, el cual, siguiendo un conocido desarrollo, ha puesto fin a la pena privada; y la reclusión deriva de la cárcel, medida preventiva para asegurar el culpable a la justicia. Pero ¿qué institución se encierra en estos procesos históricos? ¿Por qué, y hasta qué punto, estos males ocasionados al reo pueden ejercer eficacia represiva sobre el delito y por eso tienen carácter penal? Bajo la aparente diversidad entre el malum passionis y el malum actionis, ¿puede encontrarse una identidad sustancial? Si no me equivoco, desde el punto de vista de la estructura de la pena, es éste el nudo del problema.

13. EQUIVALENCIA ENTRE DELITO Y PENA.

La exigencia de que los dos términos del binomio penal, delito y pena, sean equivalentes, es incontestable. La matemática, se diría, no es una opinión: si $p + d = 0$, no hay forma de escapar a la equivalencia de los dos sumando s, en el orden positivo y negativo. Por tanto, cuando a quien ha matado, robado o injuriado se le infligen años o meses de reclusión o bien se le hacen pagar millares o centenares de liras de multa, aun cuando los bienes, en el goce de los cuales el ofensor y el ofendido son lesionados, sean diversos, alguna cosa debe haber de igual entre los dos hechos si el segundo ha de tener con respecto al primero el carácter de pena.

Para resolver lógicamente el problema, la vía es, pues, la de investigar el tema de la equivalencia.

14. LA PENA COMO SUJECIÓN.

Quien se pregunta por qué la reclusión es una pena, en el primer momento está tentado a responder que el estar siempre encerrado en el mismo lugar es un sufrimiento o, técnicamente, la lesión de un interés. Por lo general, así es: la mayor parte de nosotros, en efecto, prefiere cambiar a menudo de sede; pero hay también hombres que a la vida de movimiento prefieren la claustral. Basta esta observación para deber convenir en que el carácter penal de la reclusión no depende del sacrificio de un interés, sino de la inexistencia de otro interés del recluso que- predomine sobre el de cambiar de sede o, más simplemente, de la falta de su espontaneidad; en efecto, si la clausura es espontánea, no sólo no es una pena sino que puede ser hasta un premio.

El mismo razonamiento vale para cualquier otro género de pena. Entregar dinero al Estado, es verdaderamente una pena si soy constreñido a ello; pero cuando se trata de una oblación espontánea, desaparece el carácter penal. También la cancelación, por ejemplo, de un registro profesional puede ser una pena; pero puede también no serlo cuando, correspondiendo a un interés de quien es cancelado, sea pedida por él.

El significado de estas simples reflexiones es que ciertas medidas impuestas por la ley, las cuales se resuelven en privación de bienes o lesión de intereses, en tanto adquieren carácter de pena en cuanto no sean queridas por quien las sufre. Si este quererlas es, corno se suele decir, ejercicio de libertad, el verdadero carácter de la pena no consiste en la privación de un bien, sino en la sujeción de la que la misma sea fruto.

15. El delito y la libertad.

Al llegar a este punto ¡:;e inserta en el discurso el concepto de libertad, por el cual el problema de la pena está netamente dominado. Ni este problema ni ningún otro, que toque a los fundamentos del derecho, puede ser afrontado por quien no tenga ideas claras en torno a la libertad. Por eso considero una fortuna, y hasta un regalo de la providencia, el haber llegado a estos estudios, casi al final de mi vida, cuando ya las asiduas meditaciones sobre mis más fecundas experiencias me han procurado esta claridad; y puedo indicar entre mis libros, no sólo la Introduzione allo studio del diritto, sino las mismas Meditazioni -en apariencia tan apartadas de la materia jurídica- como la indispensable premisa de las actuales investigaciones. Según el concepto que me he formado de ella, la libertad no es la abstracta posibilidad de escoger entre el bien y el mal, sino la concreta potencia de escoger el bien, y así la fuerza de liberación del peso de la carne; de donde, si la acción buena es ejercicio, la acción mala es no ejercicio de libertad; cada vez que sucumbo, en lugar de superarme, al deseo o, digamos también, a la tentación, ésta no es libertad sino servidumbre. La libertad, en otros términos, es capacidad de obedecer o también de querer, en el sentido en que habla de ella el Código penal italiano.

En la libertad se puede contemplar, pues, un presupuesto del delito, pero no su fuente; mejor, un requisito que la persona debe poseer para poder ser reo, pero no un modo de ser del espíritu que en el delito se manifiesta. No hay delito sin libertad en el sentido de que quien no puede hacer el bien tampoco puede hacer el mal; pero quien creyendo hacer el bien ha hecho el mal, quiere decir que, siendo capaz de resistir, no ha resistido. Una cosa es ser libre, otra es ejercitar la libertad. Quien es siervo no puede liberarse; pero quien es libre puede servir. El delito no es, pues, ejercicio, sino no ejercicio de libertad.

16. Homogeneidad entre delito y pena.

Ahora bien, en qué cosa el delito y la pena sean iguales, si propiamente no se ve, al menos se entrevé: son el uno y la otra una sujeción o mejor el resultado de una sujeción. Es un ingenuo equívoco aquel por el cual el delito se presenta como una manifestación de libertad, y se debe al uso imprudente que de este gran nombre muy a menudo se hace; bastaría para ponerlo de manifiesto la magnífica intuición del lenguaje, que a lo contrario de la bondad llama maldad (cattiveria); porque malo (cattivo [captivus]) no quiere decir más que prisionero *. Libertad es fuerza de liberarse y el delito es lo contrario de la liberación. Lo uno y lo otro, pues, el delito lo mismo que la pena, expresan un sucumbir o un someterse; en suma, una inactividad o una impo-

* La explicación idiomática que da el autor, sólo muy remotamente puede tener aplicación en nuestra lengua. Sin embargo, no hay que olvidar que si en italiano las palabras como cattivo y cattiveria, cuya etimología hay que buscar en el verbo latino capere, significan malo y maldad, no andan lejos de este significado algunas que en castellano tienen igual origen, como son capción y capcioso.

tencia del espíritu del reo o del castigado; del reo, porque no ha sabido querer; del castigado porque no puede querer. No sólo cuando sufre la pena sino ya cuando comete el delito, el hombre no es un libre sino un siervo; todavía una vez más, la atrevida intuición poética precede al raciocinio cuando de aquel que no sabe resistir a la pasión, hace un esclavo y a quien la vence lo configura como un dueño de sí mismo. En la concepción de la libertad como dominio de sí mismo (tal como resulta, aunque no sea de otra manera, a contrariis, del concepto jurídico de la esclavitud) está dramáticamente representada la afirmación del espíritu sobre el cuerpo, como implicando lógicamente la exclusión sobre el cuerpo de todo dominio ajeno; por eso, en la negación de la libertad, el delito y la pena se encuentran: el delito, porque el cuerpo ha dominado al espío ritu; la pena, porque el cuerpo es dominado por otros cuerpos.

Ser el uno y la otra una sujeción o también, decimos, una servidumbre o mejor un resultado de sujeción o de servidumbre, es la verdadera homogeneidad del delito y de la pena; pero ahora, después de haber establecido en qué cosa convergen, tratamos de ver, por el contrario, en qué divergen, y hasta se oponen, los dos términos; de donde, si el delito se representa como un más, a la pena conviene la figura del menos y así corresponde respecto a aquél una función de compensación.

17. Heterogeneidad entre delito y pena.

La diferencia emerge claramente de cuanto se ha dicho: de las dos sujeciones, en las que pena y delito se resuelven, ésta procede ab intra y aquélla ab extra: la una es un someterse del espíritu a su cuerpo, la otra a un cuerpo ajeno; la una se diría una autosujeción, la otra una heterosujeción.

Así me parece que, con la razón del contraste, la razón de la oposición se aclara: la libertad, de la cual no me he sabido valer, me ha dominado; la servidumbre, en la cual me he colocado, me es impuesta. La pena, que es una servidumbre, afecta a quien, a obrar como libre, ha preferido obrar como siervo. Éste es, forzosamente retenido en la condición en la que espontáneamente se ha colocado. Así la pena aparece a manera de la prosecución de un movimiento iniciado con el delito.

Bajo este aspecto, toda pena es un talión en el sentido de que a cada uno se le hace lo que él ha hecho; pero no lo que él ha hecho de otro, sino de sí mismo. Y en este sentido, el principio del talión descubre su verdadera razón: cada uno continúa siendo aquello que es. La distinción más profunda, que se puede apreciar entre los hombres, es la que tiene lugar entre libres y siervos; cada uno está comprendido en la categoría a la cual pertenece.

Así la pena no hace más que sacar la lógica consecuencia del delito y, por tanto, reparar el desorden; esto ha sido, después de todo, el que fuese tratado como libre quien, por el contrario, no era más que un siervo; alguno. en suma, estaba fuera de su lugar; cuando se pone de nuevo en él, el orden parece restablecido:

18. Pena, arrepentimiento, penitencia.

Sin embargo, si se detuviese aquí el estudio, la conclusión sería bien triste: el restablecimiento del orden, mediante la pena, no tendría más que un significado formal o, en otros términos, el orden sería entendido según un valor puramente externo o finito; pero, en verdad, el orden, cuando se ponga, como se debe, en el plano de lo infinito, no es que los libres sean libres y los siervos continúen siendo siervos; sino que los siervos se conviertan en libres, y que se aumente la libertad de los libres; y si la pena no sirve para esto, el problema queda sin resolver. Así se aclara el principio fundamental concerniente a la implicación de la función de enmienda en la función represiva de la pena; en tanto el delito se elimina o reprime no en cuanto quien es siervo siga siendo siervo sino en cuanto quien es siervo adquiera la libertad; el delito no es reprimido hasta tanto que el reo sea enmendado; el problema de la pena se resuelve, pues, en el concepto de la enmienda o de la reeducación.

Pero éste es el tema sobre el cual, como en el número anterior se ha señalado, el pensamiento debe tratar de trasladarse al plano de lo infinito. El evento de la pena, en efecto, o su resultado si se quiere decir así, a fin de que el delito se cancele no puede limitarse al futuro sino que debe, además, afectar al pasado, al que el delito pertenece. La necesidad de tal regresión se ha observado ya que se manifiesta a través de aquel instituto jurídico de la restitutio in integrum, mediante el cual los juristas pueden ayudarse en este atrevido pasaje. La verdad es que en el campo de la libertad, o sea del espíritu, es necesario prescindir del tiempo; el espíritu se proyecta no sólo en el futuro sino también en el pasado; cada instante de su vida absorbe todo' lo que le precede, de manera que quien se ha hecho libre, no ha sido nunca siervo,

La concepción de esta verdad puede, como decía, ser facilitada por la experiencia y por la meditación en torno al arrepentimiento: La misma estructura del vocablo, que tiene su raíz en la pena, indica en este concepto un valor, del cual no se puede prescindir en el estudio de la pena. El arrepentimiento no es otra cosa que una condena de sí mismo, y la penitencia una espontánea expiación. Se arrepiente quien reconoce su pecado, y el reconocimiento o constatación del mismo es la condena; pero tal reconocimiento, para ser verdadero, implica una realizada inversión del alma del culpable, el cual, volviendo sobre su acto, se juzga, se avergüenza, y se castiga; el castigo no se agota en el instante del juicio, sino que se arrastra, a veces, cuando el hecho es grave, por toda la vida. Esta inversión del alma, en la que el arrepentimiento consiste, ayuda, decía, a comprender la regresión, que elimina el pecado y el delito: la verdad es que el alma, a diferencia del cuerpo, puede remontar el problema del tiempo.

A la luz de esta verdad se ilumina el sacramento de la confesión, cuya dulzura puede comprender solamente quien se acerque a él verdaderamente arrepentido; un juez, entonces, lo es mucho menos el confesor que el confesado, el cual recibe mucho menos reproches que confortación; y la absolución, podría decir un jurista, tiene eficacia más bien declarativa que constitutiva en cuanto no hace más que constatar que, en aquel dolor, el culpable ha readquirido la libertad. La absolución, no por sí, sino en cuanto constata el arrepentimiento, cancela el pecado; y en esto está el milagro del espíritu, que se encuentra fuera del tiempo, de manera que para él no existen ni el pasado ni el futuro.

Si ahora alguno dijese que todo esto vale en el plano religioso o, al menos, en el plano moral, pero no en el plano del derecho, cometería el error de no darse cuenta de que el problema de la pena es, ante todo, un problema moral: todo el derecho, pero el derecho penal en primera línea, es un medio para reducir a la moral la conducta de los hombres. Este es un fin que, desgraciadamente, sólo imperfectamente se puede alcanzar; pero el deber de los juristas es el de dedicarse a que se aproxime cada vez más. Por tanto, si la reflexión -en torno a la pena muestra que su función represiva o restrictiva no opera ni puede operar de otra manera que a través del arrepentimiento, éste, para la ciencia del derecho, es un dato fundamental. Deriva de ello que para responder a su función la pena debe resolverse en la imposición al reo de un modo de vivir, por el cual él pueda, lo más pronto y lo más seguramente posible, alcanzar el arrepentimiento y, con ello, read- quirir la libertad.

19. Pena de muerte.

Una primera verdad, segura, se puede establecer: el matar al reo puede ser una medida de seguridad; pero una pena, no.

Se ha dicho que en la fórmula matemática de la pena (d + ») si el valor de p no es tal que el resultado sea cero, la cuenta no es exacta; y cero puede ser sólo a condición de que el malum passionis pueda dar de nuevo al castigado la libertad.

Pero para enmendar al reo es necesario conservarle la vida. No se excluye que en el intervalo entre la condena y la expiación se opere el arrepentimiento; entonces, sin embargo, habiendo la pena alcanzado su objeto, falta la razón de proseguir su aplicación. El dilema es férreo: si antes de matado el reo se arrepiente, entonces se continúa castigando a quien no debe ya ser castigado; en el caso contrario, matándolo se le impide arrepentirse. No tanto, pues, la pena de muerte presenta los peligros que todos conocen y que superan sus ventajas, cuanto el matar al reo no es verdaderamente una pena.

El problema de la muerte del reo se puede, por tanto, plantear sobre el terreno de la medida de seguridad, no sobre el de la pena; que la misma tenga una eficacia preventiva del delito y, por eso, responda al concepto de la medida de seguridad, sería vano negado. La solución, sobre este otro terreno, depende del resultado de un balance de su rendimiento con su costo; bajo este aspecto, las razones en pro y en contra son tan conocidas que el repetidas no tendría ningún interés científico. Por mi cuenta, cualquiera que sea el valor profiláctico que a la muerte del reo la experiencia consiente atribuir (y se sabe con cuánta cautela estas experiencias deben ser interpretadas), encuentro que su costo es tan grave que no permite aconsejada en ningún caso: matando a un hombre, a diferencia de un animal, no se corta solamente una vida, sino que se anticipa el término fijado por Dios para el desarrollo de un espíritu o sea para la conquista de una libertad; sólo quien no tenga en cuenta el valor de la vida del cuerpo en orden a aquel desarrollo y a aquella conquista puede ignorar que de la vida de un hombre ningún otro, cualquiera que sea su autoridad y cualquiera que sea su razón, puede disponer sin usurpar el poder de Dios.

20. Penas y medidas de seguridad.

El concepto de la pena, tal como ha sido hasta ahora planteado, mediante la implicación de la función de enmienda del reo en la función represiva del delito (condición solamente en la cual la pena se contrapone al delito, compensándolo o eliminándolo, y por eso el malum passionis verdaderamente es pena), atribuye a la distinción entre pena y medida de seguridad un alcance incomparablemente mayor del que ha tenido hasta ahora.

En torno al criterio de la distinción no hay nada nuevo que decir: a la pena no le falta, y en cambio le falta a la medida de seguridad, la función represiva, por lo que esta última, y no la pena, debe ser contemplada en todos aquellos casos en que al malum passionis se le pueda reconocer solamente una eficacia preventiva. Pero el haber referido ahora a la enmienda o reeducación del reo, y más precisamente a su arrepentimiento, como medio para adquirir de nuevo la libertad, la eficacia represiva o retributiva, es el carácter de la pena, permite una diagnosis de la pena o de la medida de seguridad, si no me equivoco, mucho más precisa que todo lo obtenido hasta ahora.

El resultado de tal mayor precisión a mí me parece que está en el sentido de que, en el estado actual del derecho positivo, la categoría de las medidas de seguridad es mucho más numerosa que la de las penas, y más de una entre las que corrientemente se consideran penas, debe, en cambio, ser asignada a la otra categoría.

21. Medidas de seguridad pecuniarias.

La primera de las dudas a resolver, en orden a tal distinción, se refiere a las llamadas penas pecuniarias.

En una eficacia compensatoria, con respecto al delito, de la extracción de una, suma de dinero o en general de determinados bienes del patrimonio del reo, se puede pensar desde aquel punto de vista de la equivalencia o de la compensación de intereses, sobre el cual los juristas acostumbran a situar los conceptos del resarcimiento y de la reparación; pero inmediatamente se advierte que aquí estamos netamente fuera del campo espiritual, al que solamente, por la vía ya conocida, la eficacia, represiva de la pena se puede referir; también en los límites en los que la multa * o la enmienda ** valiese para resarcir o para reparar el daño social del delito, todo valor regresivo o retroactivo sobre el delito mismo debería ciertamente ser excluí do. Quizá, sin embargo, no deba excluirse del todo una reacción de la pérdida de bienes patrimoniales sobre el espíritu del reo; no es raro que la pobreza constituya una condición favorable para el desarrollo del espíritu; pero en los límites, en los que las leyes vigentes consienten -como consecuencia jurídica del delito y prescindiendo del resarcimiento o de la reparación+-, una modificación patrimonial a cargo del reo, muy difícilmente se resuelve ésta en tal empobrecimiento que permita pensar en este género de eficacia.

Lo que se puede establecer es, por tanto, que la extracción de una parte del patrimonio no opera sino infligiendo al reo- un sufrimiento apto para constituir un contraestímulo y, por eso, para ejercitar sobre el reo, y eventualmente sobre los terceros, una acción preventiva de nuevos delitos, lo que denota la medida de seguridad pero no la pena.

22. Medidas de seguridad corporales.

Reflexiones análogas inducen a afirmar que son medidas de seguridad y no penas las operaciones llevadas a cabo, corno- consecuencia jurídica del delito, sobre el cuerpo del reo, ya sea al

---

* Pena pecuniaria que se aplica a los delitos.

** Pena pecuniaria que se aplica a las contravenciones.

objeto de determinar en el mismo una modificación permanente ya sea al de hacerlo solamente sufrir. La eficacia profiláctica de algunas de estas medidas del primer tipo (medidas físicas o fisiológicas), en cuanto pongan al reo en la imposibilidad física de cometer ciertos delitos, es en absoluto- manifiesta; pero también la eficacia de las medidas del segundo tipo, aunque se ejerza en el campo psicológico, no puede ser desconocida en cuanto ciertamente el dolor sufrido determina una repugnancia a la renovación del acto, que lo ha ocasionado, la experiencia de lo cual se observa en particular sobre los niños y también sobre los animales.

Pero, precisamente, el que tales remedios operen incluso respecto de los animales o, en general, de hombres cuyo espíritu no es todavía maduro, excluye en ellos aquel carácter espiritual, el cual, como se vió, es propio de la pena.

La cuestión en torno a la conveniencia de la introducción de tales medidas entre los remedios contra el delito, aun cuando merezca ser discutida seriamente, está fuera del ámbito de mis actuales investigaciones;

23. Reclusión.

El tema más interesante, en cambio, de mis investigaciones se refiere a la reclusión, nombre con el cual he advertido ya que quiero denotar cualquier especie de la que en la práctica se suele denominar pena restrictiva de la libertad personal. Que ésta es una inexacta denominación, ya se ha aclarado en las páginas precedentes: en los límites dentro de los cuales la coacción jurídica pueda decirse que restringe la libertad, ésta es una nota común de todas las penas, no de la reclusión solamente. La reclusión no se impone al condenado más de lo que se imponga la multa; por otra parte, con ella se le impone, más bien que la separación de ciertos bienes, el apartamiento de su ambiente social; incluso, cuando sea agravada en forma de aislamiento celular, el apartamiento de todo ambiente social.

No parece dudoso que este tratamiento del reo tenga el carácter de la medida de seguridad, psicológica o hasta física; mientras su separación del ambiente social acostumbrado hace físicamente más difícil, si no en absoluto imposible, la repetición del delito, constituye, por otra parte, un sufrimiento, tanto más grave cuanto más larga sea su duración, cuyo recuerdo es apto para determinar la repugnancia a un nuevo delito.

Pero la investigación que más me importa, es la de si a la reclusión se le puede reconocer, además, la verdadera eficacia represiva del delito, o sea si la modificación de la vida del reo, en que se resuelve, puede ser idónea, a través de la readquisición de su libertad, para restablecer el orden violado; sólo cuando esta investigación lleve a un resultado positivo, se deberá hablar de la reclusión como de una pena.

Un dato de la experiencia es el siguiente: que la separación del mundo, como se acostumbra a decir, es una condición de vida, que se procuran espontáneamente aquellos que aspiran al mayor desarrollo de su libertad. Que para el estudio del instituto general deba servir la observación del instituto claustral es algo que puede sorprender solamente a los pensadores superficiales. La observación más obvia es que si nosotros estamos acostumbrados a llamar reclusión, por antonomasia, a la pena reclusiva, ésta no es sino una especie del género, el cual comprende la reclusión voluntaria junto a la reclusión forzada; para obtener el conocimiento de ésta no se puede prescindir, pues, de la confrontación con aquélla. Ahora bien, si a la reclusión o mejor, quizá, al aislamiento espontáneo recurren aquellos que quieren elevar su espíritu, es un signo de que debe existir una relación entre esta elevación y aquella condición de vida.

La relación debería ser entre soledad, y hasta entre privación tanto de la compañía de los hombres como del goce de las cosas no estrictamente necesarias para la vida, y ascética. Ascética es ejercicio o, me atrevería a decir, preparación del espíritu, el cual tiene su gimnasia como el cuerpo y a ésta puede tener que recurrir para su salud. Nosotros estamos habituados, desgraciadamente, mucho menos que a la gimnasia del pensamiento, a la de la voluntad; pero el pensamiento es un grado del espíritu inferior al de la voluntad, y también la voluntad, y puede decirse que ella sobre todo, se debería entrenar. Que, para tal ejercicio, sea una condición favorable la soledad o, mejor, el apartamiento del mundo, está fundado sobre una experiencia milenaria. Monje entre otras cosas, en su origen, quiere decir solo o, al menos, solitario; y retirado, ya que no recluído, es el significado de anacoreta. Históricamente, la cárcel no ha sido inventada con esta finalidad; su razón originaria es, más que la de una medida de seguridad, la de una medida cautelar apta para asegurar la disponibilidad del reo a los fines del juicio; pero ésta es la raíz, no el desarrollo del instituto. Este desarrollo, que ha terminado por hacer de la reclusión la especie más importante de la pena, encuentra ciertamente en su idoneidad para la restauración moral del reo la razón más verdadera; y no importa que ésta haya quedado velada por largo tiempo a los hombres, ya que con frecuencia los mismos actúan como instrumentos inconscientes de los designios de Dios. Una primera condición de tal finalidad es, sin embargo, que la reclusión tenga una cierta duración. Límites fijos son naturalmente difíciles, ya que no absolutamente imposibles, de establecer; pero no parece dudoso que un breve apartamiento del ambiente no puede determinar, por lo general, eficacia educativa alguna, tanto menos en orden a la libertad. A la reclusión breve no se le puede reconocer otra naturaleza que la de medida de seguridad. Esta es una observación que, desde el punto de vista de la técnica penal, debería tener una importancia decisiva. Probablemente, en cuanto a ella, la distinción entre reclusión y arresto según la terminología del código vigente italiano, debería ser mucho más profunda de lo que lo es actualmente.

Por otra parte, en tanto la reclusión puede reeducar a la libertad, en cuanto el modo de vida del recluso esté prudentemente dispuesto para esta finalidad. Este es el aspecto del problema, en relación al cual la confrontación entre reclusión forzada y reclusión voluntaria muestra su utilidad, y el resultado educativo de la primera encuentra los obstáculos más graves. Entre un reclusorio y un monasterio la diferencia es que en aquél se refugian hombres, los cuales ocupan en la escala del espíritu, en comparación con los monjes, peldaños mucho más bajos, por lo que es igualmente más difícil el cometido de su educación; los monjes son hombres libres, los cuales aspiran a hacerse más libres; los reclusos son siervos, a los cuales se trata de hacer reconquistar la libertad. Con el conocimiento de tal cometido y de su dificultad, debería instituirse el ordenamiento de la reclusión y del reclusorio. Me atrevo a decir que de esto no tenemos todavía plena conciencia; y que, correlativamente, no hemos hecho todavía ni estamos por hacer cuanto es necesario para darle cumplimiento.

24. Problema espiritual de la reclusión.

El problema de la reclusión es esencialmente un problema espiritual. Existe, ciertamente, también un aspecto físico o fisiológico del mismo, pero tiene, respecto de aquél, un valor de segundo plano. El fin a alcanzar no es solamente el de hacer vivir a un hombre, sino el de hacer revivir a una persona, lo que quiere decir dar al hombre su libertad. Bajo este aspecto, el problema no es ciertamente hasta hoy ignorado, pero no está todavía planteado con la deseable claridad cuando se habla de reeducación social del recluso; es necesario, para ser claros, sustituir a la reeducación social la educación moral; y a quien observe que la socialidad se resuelve en la moralidad conviene refutar que ésta no es una resolución a sobreentender sino a colocar en primer plano. Que social o sociable sea verdadera y solamente el hombre libre, si del exacto reconocimiento del fin depende la adecuación de los medios a su obtención, es lo que, sobre todo, debe saberse. Por otra parte, que para dar al reo la libertad ésta le sea quitada no es más que una apariencia engañosa; quien conoce el significado de esta inmensa palabra, sabe que al recluso, si es reo, nada se le quita que no haya perdido ya; la verdad en torno a la reclusión -al menos como debería ser, ya que no, desgraciadamente, como es- está absolutamente invertida por el modo de pensar común: la pena debe servir no para quitar sino para dar la libertad.

A tal fin ayuda, sin duda, el sufrimiento. No sólo la avulsión del mundo, sino la vida dura del recluso es necesaria, no en el sentido de la venganza, sino en el de la eficacia redentora del dolor. Pero el dolor puede modificar empeorando, en lugar de mejorando, el espíritu del recluso, si él no lo sabe libremente aceptar. Así, a través del arrepentimiento, al transformarse en penitencia la pena, se ejercita la libertad. A este ejercicio, sin embargo, es muy poco probable que él logre llegar sin un prudente y amoroso guía. Por eso, tanto como el sufrimiento, le es necesaria al recluso una asistencia moral. Sin ésta, la reclusión, como pena, o sea su eficacia redentora, no puede ser más que un experimento fracasado. Casos en los que por sí solo el condenado se pueda rescatar, no deben excluirse; pero, en la mejor hipótesis, un legislador no puede establecer sus cálculos sobre estas excepciones. Abandonado a sí mismo, el condenado es un náufrago destinado a hundirse. Para salvado es necesario que alguno, lanzándose al mar, lo alcance, lo socorra y lo traiga a la playa.

¿Quién puede ser éste? He hablado, en general, de asistencia moral. He aquí que se insinúa en el discurso otra gran palabra; y merecería que se hiciera una pausa. También en torno a la moral circulan ideas que, no obstante una elaboración milenaria, a mí no me parecen claras. Una cierta oscuridad ensombrece todavía el tema de las relaciones entre moral y derecho. Probablemente no existe otra luz para esclarecerlo que la del pensamiento cristiano. Aun hablándose, como generalmente se hace, de deber moral y viéndose incluso en éste la especie más pura del deber, yo temo que los dos campos, en lugar de diferenciados, estén todavía confundidos. La idea del deber es inseparable de la del derecho y nace, por tanto, en el plano de la economía; pero el plano moral está netamente separado de éste. Probablemente la contaminatio se debe a la dificultad de encontrar un fundamento, sobre el cual pueda alzarse la moral si el deber no la sostiene. Sin este apoyo, nuestro intelecto parece que no sepa avanzar, como le ocurre en los primeros pasos a una criatura cuando la mano materna la abandona. Para resolver la dificultad no hay más que leer, en el Evangelio de San Juan, el discurso de la despedida. El deber se hace inútil donde reina el amor. Así el plano del deber es superado. Sobre el amor, no sobre el deber, se debe plantear el concepto de la moral. Por asistencia moral entiendo, pues, ante todo y sobre todo, una asistencia de amor. Lo que, junto al sufrimiento, le es necesario al recluso, a fin de que se convierta en libre, no es otra- cosa que amor. La asistencia le debe ser prestada por quien esté en condición de amarlo. ¿ Quién podrá ser éste?

Leamos, ahora, el Evangelio de San Mateo: "Venid los benditos de mi padre", dirá el Señor a aquellos que estarán a su diestra, " ... porque. .. estaba preso y vinisteis a verme"; y a aquellos que, por el contrario, estarán a su izquierda: "alejáos de mí malditos ... ya que ... porque estaba en la cárcel y no me visitásteis"; y si le preguntan:

"Señor, ¿cuándo te hemos visto ... en la cárcel y fuimos a visitarte?", responderá también el Señor: "en cuanto lo hicisteis a uno sólo, el más pequeño, de estos mis hermanos. a Mí lo hicisteis". El mandamiento del amor y, en virtud del mismo, de la asistencia a los reclusos, es esencialmente cristiano. Quizá, en cuanto a esta especie de asistencia, la Iglesia todavía no ha hecho aquello que en cuanto a otras obras de misericordia ha podido y sabido hacer (¡Y si estas pobres páginas sirvieran para despertar su augusta iniciativa, qué admirable fruto habrían producido!). Ciertamente yo veo en ella el único instituto, capaz de proporcionar los hombres idóneos para esta forma de caridad. De lo cual no se han podido exponer aquí aun todas las razones; otras se pondrán de manifiesto dentro de poco, al tratar de estudiar el tercer aspecto del problema de la pena.

25. El proceso penal como pena.

Que la reclusión sea, entre los remedios contra el delito hasta ahora conocidos, el único que poseyendo, en el sentido indicado por mí, eficacia represiva, responda verdaderamente al concepto de la pena, no excluye que otros sufrimientos sean o puedan ser ocasionados al reo, a los cuales corresponda igual carácter, por lo que los mismos deban colocarse entre las penas. Este es también el tema sobre el cual las reflexiones aquí expuestas querrían estimular la invención del legislador, orientando sobre su verdadero principio la técnica de la pena.

Una particular atención merece, a mi entender, bajo este aspecto, el juicio penal. Cómo se resuelva en el juicio la pena, será el tema del capítulo siguiente; pero ya en éste debe ser afirmada y demostrada la proposición recíproca: o sea que, a su vez, el juicio penal se resuelve en una pena.

Que el juicio penal es un mal para quien lo sufre y que, por eso, le ocasiona un sufrimiento, en lo que está un carácter necesario ya que no suficiente de la pena, es una primera verdad manifiesta. Sólo debe añadirse que, en ciertos casos y señaladamente para ciertas personas, este sufrimiento, con frecuencia de larga duración, es más grave que lo que pueda serlo el ocasionado en el caso de condena, por la pena con la misma determinada; tanto más si ésta es leve, el peso de la condena o en general del proceso la excede: si pudieran, i cuántas personas querrían pagar una multa o sufrir la reclusión sin ser condenadas, más bien que ser condenadas sin sufrir aquella pena!

Por otra parte, es igualmente claro que este sufrimiento sirva en todo caso, tanto mejor con cuanta mayor diligencia se conduzca el juicio, a aquella reeducación del reo, en la que se resuelve la función represiva de la pena. Bien o mal, el juicio constriñe al reo a vivir de nuevo el delito y, por eso, despierta su conciencia; en general, es el juicio del juez 'el que, convenciéndolo de su mala acción, le inspira la vergüenza de ella; y, junto al juicio explícito del juez, el juicio tácito del público agrava su peso. Ningún sufrimiento es más apto que éste para determinar el arrepentimiento, con d que la libertad está reconquistada.

Bajo este aspecto, se ilumina el sumo valor del juicio penal, el cual no sirve para comprobar el delito solamente, sino al mismo tiempo para castigado, constituyendo a menudo su más grave o hasta su único castigo; debería el juez, entre otras cosas, darse cuenta exacta del valor punitivo, y por tanto educativo, de cada palabra suya e incluso de cada gesto suyo, para apreciar la dignidad de la que está investido, y la responsabilidad que pesa sobre sus hombros. Bajo el mismo perfil debe ser valorada además la publicidad del juicio penal, la cual no tiende solamente al control de la regularidad del juicio, sino que integra esencialmente su función punitiva.

Estas reflexiones sirven, finalmente, para determinar con exactitud el alcance, en sus varias formas, del perdón judicial, el cual no es, como comúnmente se cree, una total remisión de la pena, subordinada o no a ciertas condiciones; puesto que al perdón precede necesariamente la condena o, al menos, la comprobación del delito, que, de otro modo, no podría ser perdonado por el juez, el reo ha sufrido ya, al menos en palie, su pena.

26. Delitos y cotravenciones *.

El modo como ha sido hasta ahora planteada por mí la diferencia entre pena y medida de seguridad, y el reconocimiento de

* A lo largo de todo el trabajo he traducido reato por delito, dando a esta palabra un sentido genérico. Como en el presente número se hace la distinción entre delitos y contravenciones, se ha de tener presente que en él la palabra delito, en su sentido específico, es la traducción de la voz italiana delitto; habiendo traducido en este número reato por infracción punible, tratando así de evitar la confusión idiomática y jurídica.

que, entre los remedios, a los cuales la ley da el nombre de pena, la reclusión solamente (en sentido amplio), en cuanto tenga una cierta duración, es una verdadera pena, vale además para precisar el valor de la distinción entre delitos y contravenciones.

De todas las distinciones, a las que da lugar la clasificación de las infracciones punibles, ésta se puede considerar la más antigua y natural, pero también la más problemática. Corresponde la misma ciertamente a la gravedad de la infracción punible; pero precisamente por esto, estando fundada más bien sobre su cantidad que sobre su calidad, se nos ha persuadido últimamente de que no puede definirse de otra forma sino según la especie de la pena, de manera que sean delitos las infracciones castigadas con ciertas penas más gravé s y contravenciones las infracciones a las cuales la ley conmina ciertas penas más leves.

No es difícil, sin embargo, advertir que así, en lugar de definir las dos categorías, verdaderamente se renuncia a definirlas: puesto que, en efecto, la relación entre pena y crimen, según la cual la infracción punible es un prius y la pena un posterius, que para una infracción sea estatuída una pena más o menos grave quiere decir que la misma merece ser castigada más o menos gravemente; depende, en efecto, la gravedad de la pena de la gravedad de la infracción y no viceversa. Cuál sea, pues, el carácter del delito o de la contravención es investigación que ha de realizarse sobre la infracción punible misma y no sobre la pena.

Una orientación útil para esta investigación puede proporcionar la intuición de una vinculación entre la distinción de los delitos y las contravenciones y la distinción entre penas y medidas de seguridad. Esta última se funda sobre la presencia o sobre la ausencia de la eficacia represiva en el remedio contra la infracción punible. Ahora bien, si para ciertas infracciones, y no para otras, se reputa suficiente la medida de seguridad, o sea un remedio de carácter puramente preventivo, puesto que la represión se resuelve en la reeducacion, es signo de que los primeros no denotan en el reo una persona que tiene necesidad de ser reeducada; y puesto que la reeducación tiende, como se ha visto, a la readquisición de la libertad, es signo de que las infracciones punibles mismas no demuestran una pérdida de libertad.

En este punto, como con frecuencia ocurre, una contribución útil a la investigación puede ser ofrecida por el significado común de las palabras: delito (de delinquere) quiere decir abandono; la infracción, así, se denota como una pérdida o un extravío de la persona, en el lugar de la cual sólo queda la bestia; acaso no sería arriesgado una aproximación de delito a deliquio, deliquio de la libertad. Contravención, en cambio, no alude sino al contraste entre el acto y la ley, en su aspecto exterior, prescindiendo de su valoración moral.

Planteada así la distinción en su relación entre el acto y la libertad, la mayor gravedad del delito, si se compara con la contravención, depende de que el mismo es, además de un desorden social, un desorden moral. El mal tiene su raíz en una deficiencia de la persona, esto es, de la libertad; por eso no basta para curarlo el remedio preventivo.

Esta verdad está admirablemente comprendida en el campo teológico con la fórmula del pecado mortal, el cual no es la causa sino el síntoma de la muerte del alma; muere el alma cuando pierde la libertad.

Probablemente la tentativa de profundizar la clasificación de las infracciones punibles en delitos y contravenciones debería tener por resultado práctico, en una reforma penal, su revisión en el sentido de asignar a las contravenciones diversas infracciones punible s que hoy se colocan entre los delitos aun cuando estén afectados por penas, las cuales, teniendo carácter preventivo, más exactamente deberían ser definidas como medidas de seguridad. Esto no quiere decir que, además de las penas, no deban ser adoptadas también para los delitos las medidas de seguridad; sino que, por el contrario, cuando se trata de una contravención, solamente debe ser adoptada la medida de seguridad, o sea un remedio tal que sirva para prevenir su renovación sin necesidad de proceder a la re educación del reo. Probablemente, bajo este punto de vista, la reforma debería llevar consigo una notable disminución de los delitos a favor de las contravenciones. Entre otros, los golpes, las lesiones levísimas, las injurias, deberían cambiar de categoría.

A esta modificación del régimen vigente habría de acompañarse la abolición de las medidas reclusivas de breve duración, las cuales, no siendo verdaderas penas, en cuanto a la eficacia preventiva, pueden ser sustituí das por medidas individualmente más útiles y socialmente menos dañosas. No se debe excluir que la reclusión, aun cuando sea breve, ocasione un sufrimiento al recluso y que, por eso, pueda determinar una repugnancia a la infracción; pero la duda está en si el costo social de este resultado no es demasiado alto y, por eso, si en lugar de la reclusión no se pueden adoptar otros remedios igualmente idóneos para proporcionar un contraestímulo a nuevas infracciones, sin ocasionar los inconvenientes que, sobre la sociedad y, en particular, sobre la familia, determina la reclusión con la sustracción de la persona a los cometidos en la una y en la otra a ella asignados.

III
PENA Y JUICIO

SUMARIO:

27. Pena privada y pública. - 28. La pena como proceso. - 29. Cognición y ejecución penal. - 30. Dificultad del juicio penal. - 31. Errores judiciales. - 32. Proceso penal y proceso civil. - 33. Carácter de la jurisdicción penal. - 34. La analogía en el derecho penal. - 35. La simplificación del derecho penal. - 36. Cosa juzgada y preclusión en el juicio penal. - 37. Límite de perfectibilidad del juicio penal. - 38. El amor y el juicio. -39. El amor y la expiación.

27. Pena privada y pública.

Al comenzar estas investigaciones se hizo referencia a la identidad o a la diversidad de la persona que sufre el delito, con aquella que inflige la pena; pero el discurso, sobre este tema, quedó en eso. Ahora ha llegado el momento de desarrollar aquella indicación.

Cuando a reaccionar contra el delito provee la misma persona ofendida, es justo, aunque no sea corriente una definición tan simple de ello, hablar de pena privada, cuyo carácter consiste, pues, en la identidad entre el ofendido y el que castiga. Advierto, por escrúpulo, que en esta fórmula la voz pena está usada en el significado más amplio y menos propio, comprensivo también de la medida de seguridad.

Que la evolución del derecho proceda en el sentido de la sustitución de la pena privada por la pena pública, es otro dato de la experiencia, en torno al cual se debe, ahora, extender la reflexión: la definición más simple de la pena pública podría fundarse sobre la negación del carácter de la pena privada y, por tanto, sobre la diversidad entre el que castiga y el ofendido.

La razón lógica de la sustitución está en la necesidad del juicio a fin de que la pena sea adecuada al delito; si la función del instituto penal se expresa diciendo que la suma algebraica del delito y de la pena ha de ser igual a cero, éste es un modo eficaz para hacer entender no sólo que la determinación de la pena implica un juicio, sino cuál sea la dificultad del mismo; precisamente porque, en último análisis, los hombres, que operan sobre el plano de lo finito, no tienen fuerza suficiente para este juicio, en el Evangelio se dice que no deben juzgar; volveremos más tarde sobre esta admonición. Es una verdad manifiesta que tal juicio, el cual, todavía más que la inteligencia, compromete la libertad del juez, no puede ser pronunciado, felizmente, por la persona misma, que es ofendida. Por eso, más bien que sobre el binomio del ofensor y del ofendido, el problema de la pena se plantea sobre un trinomio, al insertarse en aquél un tercero; el interés que en la rectitud del juicio tiene la civitas entera, explica que la misma avoque a sí esta función, de manera que la inserción del juez entre las partes del delito indica precisamente el tránsito de la pena privada a la pena pública.

Las vicisitudes históricas a través de las cuales este tránsito se haya realizado, es un lado del problema que yo no tengo ni la competencia ni, en general, mucho menos en las condiciones en que escribo, los medios para demostrar. Por lo demás, al lector curioso las investigaciones históricas ya realizadas le ofrecen la posibilidad de una discreta información. Ésta, de todos modos, aun cuando pueda ser útil, no es en absoluto indispensable para la elaboración lógica del problema de la pena.

Es conveniente, sin embargo, observar que esta evolución, aun cuando deba considerarse actualmente agotada, no excluye del todo la pena privada del campo del moderno derecho penal; la misma debe entenderse, por el contrario, solamente en el sentido de un amplísimo predominio de la pena pública sobre la pena privada, de la cual sobreviven todavía interesantes y útiles residuos: el más genuino entre sus ejemplares es, precisamente, la retorsión de la injuria o, en general, de la ofensa, pero no el único; en el mismo orden de ideas debe colocarse la legítima defensa; pero una investigación diligente en torno a este interesantísimo tema no quedaría verdaderamente agotada con tales figuras.

28. La pena como proceso.

Cuando, en lugar de la pena en general, solamente es considerada la pena pública, o cuando, en otras palabras, como ocurre según el pensamiento moderno, con el nombre de pena solamente se quiere denotar la pena pública, puede, por tanto, formularse el principio de que la pena se resuelve en el proceso.

Lo que se llama proceso, según el lenguaje técnico del derecho, es un modo de juzgar con la colaboración de las partes, o sea de los sujetos del conflicto de intereses, que constituye la materia del juicio. Una afirmación semejante se incluye en una teoría general del derecho, en particular de las fuentes de éste, a la cual yo no puedo más que referirme, presuponiendo la noticia de ella. Así la palabra proceso es usada por los juristas con un significado convencional mucho más restringido que su significado común. Llamo la atención del lector acerca del tema relativo a las relaciones entre el proceso, así entendido, y el juicio: el proceso es una operación, que se considera idónea para garantizar el juicio de un tercero sobre el conflicto entre las partes.

En este sentido, el juicio penal es típicamente proceso: si, aun cuando sea .rudimentario, este juicio implica en todo caso el examen del ofendido y del ofensor, esto basta a fin de que el germen procesal se manifieste en él; por lo demás, el esquema del juicio penal se delinea precisamente como una intervención del juez entre las partes del delito.

La aplicación científica más destacada de esta verdad se refiere a la relación entre derecho material y derecho procesal que, en lo civil y en lo penal, es profundamente diversa. El derecho procesal civil se puede considerar como la patología del derecho material civil; el cual, si los negocios se resuelven normalmente, no tiene en absoluto necesidad del proceso; pero el derecho penal, por el contrario, no tiene fisiología; si hay un contrato puede no haber un proceso, en cuanto su destino jurídico cabe que se desarrolle, y se desarrolla las más de las veces, en paz; pero donde hay un delito, allí debe haber un proceso, y si no se sigue, las cosas no van bien. Esto no excluye que se pueda hacer también en el campo penal una distinción entre derecho material y derecho procesal; pero debe construirse de manera diversa de aquella que se refiere al derecho civil; probablemente no exista otra línea de confín entre ellos que la que separa la determinación del delito de la aplicación de la pena.

Con el tránsito de la pena privada a la pena pública, la identidad, observada al principio de estas meditaciones, entre el ofendido y el que castiga parece eliminada; el juez no es, en efecto, e incluso no debe ser, una parte del delito. Además, cuando, al buscar el fundamento de la pena, el delito se nos ha mostrado como un desorden, se ha planteado una premisa, de la cual se pueden derivar interesantes consecuencias también en torno a la relación entre el que castiga y el ofendido: la verdad es que el desorden produce daño no sólo a la persona ofendida sino, como se dice, a la societas, la que puede ser entendida en diversos sentidos o mejor en diversas direcciones, entre las cuales, en aquella a la que corresponde, como organización y como persona jurídica, el Estado: existen también desórdenes, los cuales perjudican solamente a esta sociedad y no particularmente a individuos singulares o grupos menores. Por tanto, si quien castiga opera como órgano del Estado, aunque bajo un diverso aspecto, la identidad entre quien padece el delito y quien reacciona contra el mismo con la pena se manifiesta todavía.

29. Cognición y ejecución penal.

Otro paso en la evolución del derecho se ha dado con la escisión del proceso en dos fases denominadas por los juristas con las fórmulas de la cognición y de la ejecución penal. Empleando estas palabras y refiriéndose con ellas a la diferencia, en general, entre proceso cognitivo y proceso ejecutivo, o, como a mí me parece que se puede decir más eficazmente, entre jurisdicción y ejecución forzada, los estudiosos del derecho penal creen saber bastante en torno a estas dos frases; en particular parecen persuadidos de que un surco profundo separe la comprobación del delito de la aplicación de la pena.

Es un hecho, que constituyen cometidos diversos el juzgar si, por ejemplo, alguno ha matado, y debe por eso ser matado,. y, por otra parte, el ocasionar la muerte del mismo; a cuya diversidad de cometidos es justo que corresponda, para su desarrollo, la elección de hombres diversos, los cuales son, típicamente, el juez y el verdugo, por lo que es una verdadera exigencia técnica del derecho penal la distinción entre ellos; pero en torno a ésta probablemente deben hacerse todavía observaciones de algún interés.

La primera se ha hecho ya en el capítulo anterior (y se aclarará mejor su valor dentro de poco) observando que ya el juicio penal es una pena; a menudo, incluso, la pena más grave. En el confín entre comprobación del delito y aplicación de la pena se descubre así una amplia brecha. Si condenar -y hasta, desgraciadamente, como veremos, solamente imputar o acusar-, es castigar, la cognición penal implica la ejecución.

Pero también la proposición inversa es verdadera. Creer que la condena agote el juicio penal, es una de las peores supersticiones que han oscurecido nuestra ciencia. Sea en cuanto este juicio se proyecta sobre el pasado, quoad crimen, sea en cuanto quoad penam, se proyecta en el futuro, detenerlo en el confín, que separa la condena de la expiación, es un error: en el primero de estos sentidos, si la valoración de la gravedad del delito depende de la capacidad para delinquir -para conocer la cual interesa, como dice, por lo demás, la misma ley italiana, toda la vida del reo, también en el período posterior al delito- no hay una razón en el mundo para limitar su conocimiento al momento de la condena excluyendo de ella el período de la expiación; y, de la misma manera, en el segundo sentido, porque si la valoración de la eficacia de la pena depende a su vez de la reacción que sobre la capacidad para delinquir la misma consigue ejercitar, todavía menos existe una razón de limitar tal valoración a un momento en el que, pronunciándose la condena, de todas maneras la misma no puede hacerse sino de modo preventivo, excluyendo del juicio aquel período de la expiación, que consiente una verificación consuntiva. Se pueden dar y se dan, sin duda, dificultades técnicas para la inclusión de la expiación en el juicio; quien tenga un poco, como suele decirse, las manos en la masa, pronto se da cuenta de que el nudo de este problema técnico está en el instituto de la cosa juzgada, del cual dentro de poco tendremos que tratar; pero si el juicio ha de ser juicio, esto es, conocimiento profundo, todo lo más profundo que sea posible, del delito y del reo, a fin de que la pena sea pena, esto es, adecuada al delito, no se puede negar seriamente que la ejecución penal implique, a su vez, la cognición.

Del juicio penal lo que más importa es afirmar la grave dificultad, a la cual corresponde la terrible responsabilidad de quien lo pronuncia. Si nosotros estamos habituados a creer lo contrario y, desgraciadamente, a comportarnos según esta falsa opinión; si al juicio penal son ordinariamente asignados los jueces. menos inteligentes y menos cultos; si los defensores penales confunden a menudo su cometido con una actividad meramente retórica; si el proceso penal se conduce casi siempre con diligencia todavía menor que la empleada en el proceso civil, ésta es una prueba de que, sobre todo en el campo penal, estamos todavía distantes de la civilización.

Las razones de la mayor dificultad, en relación al juicio penal, son claras. De una parte el delito, a diferencia del negocio, y, en particular, del contrato, es un acto que se oculta: el juez, para descubrirlo, debe andar a tientas en la oscuridad; a este orden de razones se refiere el predominio en el juicio penal de la prueba de testigos, que es, de todas las pruebas, la de menos confianza. Por otra parte, el valor jurídico del delito o, en otros términos, la punibilidad de un acto, depende a menudo del fin y siempre de la intención; dos requisitos del acto jurídico, cuya apreciación exige un tesoro de experiencia y de humanidad. Por último, cuando se trata de decidir no tanto en torno a la existencia cuanto en torno a la gravedad del delito a los fines de la adecuación de la pena, se exige a la balanza de la justicia, que no es otra cosa sino la conciencia del juez, una sensibilidad tan delicada, que no es fácil poseer y todavía menos conservar intacta a través del extenuante ejercicio del magisterio.

Lo menos que se puede decir hasta ahora es que, por mucho cuidado que se dedique al juicio penal, tanto desde el punto de vista de la determinación de las reglas como desde el de la provisión de los hombres y de los instrumentos, no puede excluirse nunca, no ya una posibilidad sino una notable probabilidad de errores. Por eso, la experiencia del proceso penal es aquella que más que ninguna otra hace sentir el triste peso de la insuficiencia del derecho para la actuación de la justicia.

31. Errores judiciales.

Todo esto quiere decir que sobre el problema de la pena se inserta el problema del error judicial, del cual no se puede prescindir, si el instituto penal ha de ser realísticamente considerado.

Del error judicial se habla con frecuencia, pero más bien como de una excepción que de una regla en la administración de la justicia penal. Ocurre así porque cuando se habla de él, la costumbre es pensar en su especie macroscópica y positiva, que es la condena del inocente. Pero, por poco que el argumento llame nuestra atención, uno se da cuenta de que esta mala o, al menos, ingenua costumbre debe ser abandonada.

La condena del inocente pertenece a aquel género de error, que se refiere a la comprobación del delito y es, por eso, error sobre la existencia del delito (error total), del cual precisamente constituye la especie positiva. Basta, sin embargo, esta fórmula exacta a fin de que antes de todo se advierta que, junto a la especie positiva, existe la especie negativa de tal error: esta otra es la absolución, del culpable, o, más ampliamente, la no persecución de él; no hay entre el daño de los dos errores, quoad iustitiam, diferencia ninguna.

A su vez, el segundo género de error se refiere a la aplicación de la pena y puede considerarse error sobre la gravedad del delito (error parcial), género que se distingue también según que la pena sea demasiado grave o demasiado leve. Es manifiesto que este otro error sea, en alguna medida, menos grave que el primero; pero, en compensación, es mucho más frecuente; con respecto al mismo, por tanto, debe considerarse la afirmación de ser el error más bien la regla que la excepción en el juicio penal. El dosificar la pena en relación a la gravedad del delito es, especialmente cuando se reflexiona que depende muy a menudo de la apreciación del espíritu del reo, una operación tan delicada que ninguno de nosotros, por mucha inteligencia y diligencia que ponga en ella, puede estar seguro de la misma.

Si, después de esto, consideramos las estadísticas de un país como Italia, donde las condenas penales ascienden a varios centenares de miles al año, siendo, naturalmente, mucho mayor el número de los juicios, nos habremos de convencer de que, también en sus repercusiones puramente sociales, aun, desde el punto de vista del juicio, el problema de la pena es tremendamente grave.

32. Proceso penal y proceso civil.

Hasta un cierto punto se puede esperar en un perfeccionamiento técnico del proceso. Por eso, eliminar los defectos, que, no obstante una larga evolución histórica, todavía mantienen al juicio penal, tal como es, tan lejos de lo que debería ser, constituye la vía obligada para resolver el problema de la pena.

A este fin, el poner en su punto las relaciones entre derecho y proceso o, como se dice de otra manera, entre derecho material y derecho procesal, que ya se vio que en lo civil y en lo penal son profundamente diversos, puede producir alguna ventaja. Un buen derecho civil con un mal proceso es una cosa posible; pero si no es bueno el proceso penal, también el derecho penal es malo.

En razón de esta verdad, se dan entre el proceso civil y el proceso penal algunas diferencias, sobre las cuales sería ya tiempo de que se comenzase seriamente a reflexionar.

33. Carácter de la jurisdicción penal.

En materia civil, la función judicial es hoy en día predominantemente de declaración de certeza, en el sentido de que las consecuencias de los hechos jurídicos están preestablecidas por la ley y el cometido del juez consiste solamente en declararlas; en vista de los beneficios de la certeza jurídica, la jurisdicción de equidad o, como técnicamente se dice, jurisdicción dispositiva, si no del todo desaparecida del derecho moderno, está reducida, al menos por lo que se refiere a las relaciones interindividuales, a los términos mínimos.

La proporción entre juicio declarativo y juicio dispositivo es, por el contrario, en la materia penal, algo diversa. Los cultivadores del derecho penal, los cuales han cometido hasta ahora muy a menudo el error de aislarse dentro de los confines de su ciencia particular, descuidando casi enteramente aquel método de estudio que actualmente se llama de la comparación interna, al oír hablar de jurisdicción penal de equidad no es raro que manifiesten alguna sorpresa; sm embargo, aun más allá del plano puramente científico, los tiempos me parecen maduros para afrontar este aspecto del problema. Lo cierto es que, ya en su manifestación presente, el juicio penal es, dentro de límites bastante amplios, un juicio de equidad y el Código penal italiano, al hablar de poder discrecional del juez en la aplicación de la pena, tiene el mérito de haberse dado cuenta de ello; jurisdicción de equidad y poder discrecional son términos correlativos, a propósito de lo cual debe tenerse la seguridad de que, por la indisoluble correlación entre el delito y la pena, el juicio sobre la pena implica el juicio sobre el delito.

Ciertamente, la discrecionalidad está contenida en los confines de la pena legal; pero ya de iure cotulito se puede establecer el principio de que en lo penal, mucho más que en lo civil, el juez tiene las manos libres, o sea que puede juzgar según equidad, lo que atribuye al proceso penal un carácter mixto entre el declarativo y el dispositivo.

La duda está en si el germen de la jurisdicción de equidad' debe, y hasta qué punto, desarrollarse en el proceso penal.

Al proceso penal enteramente dispositivo -lo que quiere decir al derecho penal libre- no creo yo que se deba llegar. El principio nullum crimen sine lege merece que le permanezcamos fieles con tal que su fundamento se establezca en la necesidad de guiar no al juez sino al ciudadano. El precepto penal, en cuanto sirve para formular para los casos típicos de la vida la exigencia ética, ejerce una función que, en la fase actual de la civilización, todavía tan retrasada, se puede considerar indispensable para la paz social; ciertamente, a la misma finalidad podría servir la experiencia de los juicios o, como acostumbramos a decir, la jurisprudencia, pero ésta, especialmente para los pueblos latinos, es menos fácil de aprender y por esto constituye una fuente del derecho menos idónea para el fin. Un elenco legal de los delitos es, pues, oportuno que exista.

Es necesario, sin embargo, admitir también que el principio nullum crimen sine lege puede encontrarse en oposición con otro, cuya fórmula reciente es nullum crimen sine poena. Aun cuando el elenco legal de los delitos se construya con plena experiencia de los casos de la vida, de la continua evolución de ésta en comparación con la inmovilidad, dentro de ciertos límites necesarios, de la ley, nacerá el peligro de que sea incompleto. Este peligro es notablemente más grave cuando la formación de los códigos penales está confiada a hombres, como suele ocurrir, más conocedores de las leyes que de los negocios; ocurre entonces que mientras se continúan previendo delitos, los cuales, con el cambiar del ambiente social, no se cometen ya, quedan fuera de la previsión nuevos hechos, los cuales merecerían ser castigados, pero de los que, por no haber sido castigados en el pasado, falta a los puros técnicos del derecho penal, un conocimiento adecuado; un ejemplo manifiesto de esta legislación anacrónica se puede observar en el campo de los delitos patrimoniales o, dicho con frase genérica, del hurto, cuyas formas más modernas, más temibles y más refinadas son desconocidas al derecho penal Ahora bien, a un peligro semejante es necesario no resignarse demasiado fácilmente, porque cada vez que un hecho que, según la exigencia ética debería ser castigado, escapa al castigo, la perturbación derivada de tal injusticia termina por debilitar la eficacia de todo el sistema jurídico. Tanto menos se debe uno resignar a este peligro cuando la conciliación de los dos principios (nullum crimen sine lege y nullum crimen sine poena) es, al menos dentro de ciertos límites, fácilmente posible mediante el instituto de la analogía.

Sobre este tema yo he expresado hace mucho tiempo una opinión, en la cual, en lugar de rectificarme, me voy afirmando cada vez más. Considero que la prohibición de la analogía en la aplicación de las leyes penales es otra superstición, de la cual debamos terminar por libramos. En ello no se debe ver una consecuencia del principio de la certeza jurídica, sino de una desconfianza respecto del juez, la cual, si tiene razones históricas bastante conocidas, carece de todo fundamento práctico. Entre otras cosas, por qué haya de poder usar de la analogía el juez cuando decide en torno a un contrato y no cuando constata un delito, es algo de lo que no puede darse ninguna explicación satisfactoria. Verdaderamente, una prohibición semejante del principio nullum crimen sine lege no está absolutamente justificada porque ley no es solamente la fórmula acuñada por el legislador, .sino también el principio que en ella se contiene y que el legislador no ha conseguido enteramente expresar. El mismo es más bien ei residuo de una concepción del derecho, que atribuía su monopolio al legislador y ha encontrado en el codicismo napoleónico el período de su mayor fortuna; pero habiendo transcurrido aquel periodo y estando superada aquella concepción, el hacerla sobrevivir solamente para el derecho penal no tiene verdaderamente ninguna buena justificación. Se puede admitir que de ello derive para el ciudadano un poco de menor certeza en torno a lo que debe hacerse; pero éste es un inconveniente ampliamente compensado por el beneficio de colmar las lagunas de la ley penal, la cual, por lo demás, basta que le dé una orientación sobre el camino a seguir, sin necesidad de conducirlo de la mano como si fuese una criatura.

Mimos libres al juez para establecer an crimen sit no creo, pues, que se le deban dar; pero tampoco que se le deban poner las esposas de la ley expresa. La justa medida está en adoptar también para el derecho penal aquel instituto de la analogía, el cual armoniza en todas las otras materias la exigencia de la certeza con la de la integridad jurídica.

Una vez establecida la existencia del delito, queda la cuestión de la aplicación o, mejor, de la adecuación de la pena. Esta es, obsérvese bien, la cuestión misma de la gravedad del delito: que un delito se considere más o menos grave no quiere decir otra cosa sino que debe ser más o menos gravemente castigado, y viceversa. Ahora bien, sobre este punto la exageración del principio nullum crimen sine lege ha llevado al derecho penal moderno y, en particular, al derecho italiano a una verdadera aberración. La multiplicación de los tipos, de las familias, de las variedades, de los delitos particulares, por un lado; de los requisitos, de las circunstancias y de las condiciones del delito en general, por otro, además de no tener otra razón que la manía del legislador de querer hacerlo todo por sí, ha terminado por complicar y por hacer rígido el instituto penal hasta el punto de determinar su quiebra.

Falta, en verdad, el derecho penal a su finalidad cuando la ley no sirve ya para hacer saber a los ciudadanos lo que, bajo la amenaza de la pena, deben o no deben hacer; pues a fin de que pueda servir para ello, mediante. el conocimiento que los ciudadanos se procuran de la misma, la ley penal debe ser simple y breve. Una ley penal como la ley italiana, la cual, aun sin salirse de los límites del código, sobrepasa los setecientos artículos y que, a través de los requisitos, las circunstancias, las condiciones, los tipos, las familias, las variedades, ha llegado a ser un laberinto, puede acaso ser aprendida por los jueces pero no por los ciudadanos. Este es, verdaderamente para la ley penal un propter vitam vivendi perdere causas.

y todo esto ¿a qué conduce? El resultado no es otro que limitar el arbitrio del juez en la adecuación de la pena. Hay, como se dijo, respecto a ésta un poder discrecional del juez, pero es más oropel que oro. El principio es la pena legal no sólo en razón de los tipos y de los subtipos, sino también de los requisitos, de las circunstancias, de las condiciones y hasta de su concurso. El juez es tenido por el legislador de la cadena. La pena legal es semejante a un vestido hecho, que el juez, hasta cierto junto, puede acortar o alargar, ensanchar o estrechar; pero fuera de esto, quien se lo haya de poner es necesario que se acomode a ir mal vestido. La pena, en más de sus tres cuartas partes, se adapta no al hecho, en su concreción, sino al esquema, que el legislador ha construido. Adónde va a parar este camino lo saben los expertos del proceso: el juez, o bien se a justa a la ley, y entonces la pena, a menudo, no es adecuada al delito; o bien quiere que sea adecuada y, a menudo también, para conseguirlo, la ley resulta desvirtuada.

Si no nos queremos resignar a esta quiebra, debemos dar marcha atrás. El Código penal tiene necesidad de ser resueltamente simplificado. En comparación con los setecientos treinta y cuatro artículos del código italiano, los trescientos treinta y dos del código suizo son un hermoso ejemplo; pero son demasiados todavía. Los dieciocho artículos, dedicados en Italia a los delitos contra la vida y la integridad individual, pueden reducirse a uno solo. ¿Y las agravantes y las atenuantes, y el infanticidio, y el homicidio del que consiente o por causa de honor? Es verdad; pero ¿el juez qué ha de hacer? Nosotros le hemos enseñado, primero en la Universidad y después con el tirocinio, a caminar; pero, sin embargo, lo queremos someter todavía a los andadores. Con mayor razón si pienso en las garantías de idoneidad para el cometido intelectual, técnico y moral, no siento inclinación alguna a fiarme menos del juez que del legislador.

Naturalmente, todo esto supone un buen juez; e incluso, puesto que el juez no hace la justicia por sí solo, un buen juez, un buen ministerio público, un buen defensor. Ciertamente. El problema del proceso, he dicho tantas veces, mucho más que un problema de leyes, es un problema de hombres y de cosas. y también ahora, después de todo, no quiero decir sino que los pletóricos códigos penales modernos, más que para resolver, sirven para embrollar el problema de la pena; y el camino para resolverlo no es el de complicar la ley cada vez más, sino, por el contrario, el hacer que se convierta en sencilla, limitándola a las directrices fundamentales y, por lo demás, proveyendo a una buena elección de los hombres, que según tales directrices deben operar.

36. Cosa juzgada y preclusión en el juicio penal.

Sobre otro tema, además del referente a la jurisdicción de equidad, en orden a la comparación entre el juicio civil y el juicio penal, aconsejo al lector meditar un poco: cosa juzgada y preclusión. Lo que en torno a este tema nos han enseñado los estudios realizados en el campo del derecho procesal civil, permite establecer la diferencia entre los dos procesos con una cierta facilidad.

Actualmente es familiar a los juristas la distinción entre cosa juzgada formal y material, las cuales dos fórmulas aluden a la eficacia de la sentencia en el proceso o fuera del proceso. Como un punto firme al respecto se puede considerar que la cosa juzgada material es un presupuesto de la cosa juzgada formal, en el sentido de que en tanto no se puede volver sobre el juicio en cuanto el juicio mismo está destinado a ejercer eficacia extraprocesal: precisamente la inmutabilidad de una sentencia encuentra su razón en que la misma establece entre las partes la certeza de una relación de derecho material, la cual, para la seguridad de la vida económica, de una vez para siempre, debe ser declarada cierta. Que en la litis entre tú y yo, en torno a la propiedad de una cosa, al llegar a un cierto punto, se forme la cosa juzgada, esto es, una sentencia se haga irrevocable, es debido a la exigencia de que no quede eternamente incierta si la cosa es tuya o es mía.

Ahora bien, quien reflexiona que en el proceso penal puro (esto es, aislado del proceso civil) no existe ninguna relación extraprocesal cuya certeza se haya de declarar, sino sólo aquella relación punitiva, cuya naturaleza meramente procesal ha sido demostrada, no tarda en darse cuenta de que el instituto de la cosa juzgada material y de reflejo formal, es absolutamente extraño al proceso mismo. Cuando no se plantea en el juicio la cuestión de si una cosa es tuya o mía, sino solamente la de si me ha sido sustraída, no se declara la certeza de ninguna relación, respecto de la cual la seguridad de la vida económica plantee una exigencia de estabilidad; el punto a decidir es solamente si tú debes ser castigado y cómo debes serlo, y puesto que la pena se resuelve en el proceso, queda netamente excluí da una eficacia extraprocesal del juicio. Diferente es el aspecto del problema en los casos de proceso penal mixto, esto es, que vierte además de sobre la verdadera cuestión penal, también sobre cuestiones civiles, prejudiciales o consecuenciales; pero es claro que la cosa juzgada puede operar sobre las relaciones civiles aun cuando no exista respecto a la relación punitiva.

La inaplicabilidad, que de estas indicaciones resulta, de la cosa juzgada al proceso penal no constituye, por lo demás, nada verdaderamente nuevo, tanto que en el Código de procedimiento penal italiano no se encuentra una explícita referencia a este instituto. Pero esto no excluye que en el proceso penal opere la preclusión también en el sentido de que el proceso mismo, cuando haya llegado a un cierto punto, no pueda ya continuar o emprenderse de nuevo, lo que implica la estabilidad del resultado obtenido a aquel punto, y así del juicio que ha sido pronunciado.

Sobre este otro tema, sin embargo, a mí me parece que el ordenamiento vigente se presta a alguna duda muy grave. Actualmente la preclusión opera del mismo modo tanto en la hipótesis de la condena como en la de la absolución, esto es, de la declaración de certeza positiva o negativa del delito; por eso quien, con una sentencia irrevocable, ha sido condenado no puede ya ser absuelto; ni puede ser condenado quien ha sido absuelto; y si uno ha sido condenado no puede hacérsele sufrir una pena ni más leve ni más grave de la determinada en la condena. Es, sin embargo, notable que mientras en el Código de procedimiento penal italiano el principio para el caso de absolución está explícitamente formulado (art. 90), la fórmula relativa no implica la inmutabilidad de la pena infligida con la condena, la cual, sin embargo, se argumenta implícitamente del sistema de las imputaciones y, en particular, del instituto de la revisión.

Ahora bien, se puede estar de acuerdo en cuanto a la inmutabilidad, llegado a un cierto punto, del juicio absolutorio; responde a una conveniencia manifiesta el que, cuando el juicio ha alcanzado una suficiente madurez, con el resultado de negar el delito, la persecución penal se deba detener; después de todo, como se aclarará mejor dentro de poco, la absolución se resuelve en el reconocimiento de un error judicial a cargo del imputado, y es justo que a éste, después de la molestia, de una vez se le asegure por fin la paz.

Pero no es justo en el caso opuesto, por el contrario, que no pueda tener trascendencia, a los fines de una eventual rectificación de oficio, la experiencia adquirida durante la expiación de la pena. Ahora se puede recoger el fruto de las reflexiones, referidas hace poco, en torno a la relación entre la cognición y la ejecución penal. Si para la valoración de la gravedad del delito y, por lo demás, también de su existencia tiene valor sumo el conocimiento de la personalidad del reo y para ella es útil, y hasta con frecuencia es necesaria, la investigación en torno a su vida también en el período posterior al delito, no hay razón alguna para que de tal investigación sea excluido el tiempo posterior a la condena, el cual es también, a tal fin, el más precioso. No olvidemos que por la indisoluble conexión del delito con la pena, si la gravedad de la pena se mide por la gravedad del delito, también la proposición inversa es verdadera: puesto que no sólo del corpus sino además del animus del delito resulta su gravedad, nada mejor que la reacción de la pena sobre el espíritu del reo puede servir para conocerla, y nada mejor, por tanto, que la experiencia de la expiación; ciertamente, el conocimiento de la personalidad del reo obtenido durante la expiación, si los funcionarios destinados a ello están en condiciones de cumplir con su deber, es incomparablemente más amplio y profundo que aquel que ha podido tener el juez, por lo que, con frecuencia, si éste lo hubiese tenido, el juicio habría sido diverso, el que, en tales casos, un error, en exceso o en defecto, no se pudiese corregir, constituiría verdaderamente un contrasentido del derecho penal.

Sin duda, existen dificultades técnicas que se han de superar para alcanzar la finalidad; la índole de este trabajo no me permite detenerme para tratar de ellas; afirmo tranquilamente, sin embargo, que las mismas no exceden de la capacidad, aunque sea mediocre, de nuestros constructores de leyes. No hay necesidad alguna, por eso, de caer en el exceso de la pena indeterminada;

una cosa es determinar la pena solamente a posteriori, esto es, de acuerdo con la experiencia de la expiación, y otra es admitir que tal experiencia, cuando ofrece elementos seguros aptos para demostrar con certeza el error judicial, permita rectificarlo y, en particular, modificar la pena a priori determinada. Esto no significa sustituir al juicio del juez el juicio del funcionario, que vigila la expiación, o hacer de los dos funcionarios uno solo, sino integrar con el juicio del uno el juicio del otro. Después de todo, un germen de la idea aquí propuesta se encuentra en el instituto de la libertad condicional, pero es todavía un germen que no ha dado fruto; más que una cuestión de límites, su vegetación es una cuestión de claridad, precisamente, de la idea que en él se encierra: la reducción de la pena implica un reconocimiento de la menor gravedad del delito y, por eso, significa corregir el equivocado juicio precedente; lo que puede hacerse, se comprende, también condicionalmente y, por otra parte, de la reducción debería extenderse a la agravación, cuando sea necesario, de la pena.

La dificultad verdadera es económica más que técnica y se refiere a los gastos necesarios para proporcionar a los institutos penitenciarios los medios, personales y reales, idóneos a fin de que los funcionarios, que están dedicados a ello, adquieran un conocimiento de los penitentes, que no sea, como ahora desgraciadamente es, en absoluto superficial y ficticio. Bajo este aspecto, el problema se encuadra en la profunda revisión, que se debe también hacer, de nuestras ideas o de nuestras costumbres en orden a las necesidades financieras del proceso. N o existe ninguna otra función del Estado, que deba pasar por delante de la función judicial, y de ésta la función penal es la manifestación suprema. El que hasta ahora a esta función hayan sido dedicados menores cuidados y menores gastos que a otras, incomparablemente menos esenciales a los fines del Estado, es todavía uno de los signos manifiestos de nuestra incivilidad. Por otra parte, es hora de dejar de lado, al menos en Italia, la mala costumbre de hacer predominar el decoro extrínseco de la función sobre la intrínseca idoneidad del órgano, que la ejerce: haber gastado enormes sumas para la construcción de monumentales palacios de justicia dejando increíbles deficiencias técnicas en los tribunales y en los reclusorios, yo espero que de ahora en adelante no será ya tolerado. Por lo demás, la solución de este problema está probablemente implicada en la de la asistencia moral a los recluso s, en cuanto la obra dada a su redención implica su conocimiento cada vez mejor.

37. Límite de perfectibilidad del juicio penal.

Una diversa y más razonable orientación de la ley penal, de un lado, y una mejor aportación al juicio penal de hombres y de cosas idóneas para su gestión, de otro lado, podrán ciertamente disminuir el número de los errores judiciales, los cuales, si una estadística verdadera pudiese llevarse a cabo, se vería que constituyen actualmente una gran mácula de nuestra civilización. Pero una posibilidad de error del juicio humano no será excluida nunca y éste, desgraciadamente, es el costo más importante del instituto penal.

Es necesario que, en torno a tal costo, no sólo los juristas sino todos los ciudadanos tengan ideas precisas. Nosotros acostumbramos a pensar en el error judicial sólo cuando es definitivamente absuelto un culpable o condenado un inocente. Que ésta es una concepción estrecha, debiéndose a los errores judiciales totales agregar los errores parciales, lo he observado ya. Pero ahora otro aspecto del problema merece la atención.

Al juicio definitivo penal, como por lo demás al juicio civil, no se puede llegar sino a través de algunos estadios, los cuales, en realidad, no son más que tentativas. Esta indicación se dirige, en primer lugar, al sistema de las impugnaciones; y acerca del mismo, entre tanto, es necesario razonar. Cuando un imputado injustamente absuelto en primer grado es justamente condenado en apelación, nosotros pensamos que un error judicial ha sido evitado y, en el fondo, pensamos bien; pero si una afirmación análoga sé nace para el caso inverso, ¿estamos seguros de no equivocamos? Aquí una observación esbozada al final del número anterior, deja sentir su peso: ya el proceso penal, para quien lo sufre, es una pena; y, con frecuencia ¡qué pena! Por tanto, cuando el juez de apelación niega justamente Un delito, que en primer grado había sido injustamente afirmado, no se puede decir que una injusta pena, desgraciadamente, no haya existido; será el error judicial diminuido, pero eliminado no puede serlo.

El discurso, en este terreno, presenta "también mayor interés limitándolo al primer grado del juicio. Ahora está en juego el concepto de la imputación, la cual es también un juicio en torno al delito, aunque sea un juicio de probabilidad en lugar de un juicio de certeza o, si se quiere, un juicio provisorio. La experiencia demuestra que sin este juicio provisorio no se puede construir un juicio definitivo, de la misma manera que sin armadura no se puede construir una casa; pero precisamente porque es provisorio, esto es, sumario, es tanto más frecuente en él la hipótesis del error. Cuando ya en primer grado el imputado es absuelto y la absolución es justa, según el modo de pensar común, el error judicial debería ser excluido; pero ¿es precisamente verdad? La respuesta no puede ser sino aquella que ha sido dada hace poco: la sentencia absolutoria pone fin, todo lo más, a una pena injustamente infligida; pero una pena sin razón ha sido sufrida. Esta sentencia incluso es el reconocimiento del error judicial, esto es, de la injusticia de la imputación; perfil bajo el cual es conveniente observar la diferencia entre la absolución judicial y la absolución sacramental. El juez, en comparación con el sacerdote, absuelve a un inocente no a a un culpable, y así libera del vínculo del error, no del vínculo del pecado; una: diferencia que bastaría por sí sola para denotar la irreparable inferioridad del derecho en comparación con la moral.

Esta verdad se aprecia todavía mejor cuando, entre otras cosas, se observe que para proporcionar al juicio los medios necesarios, entre los cuales tiene gran trascendencia la disponibilidad física del imputado, la ley consiente, para los casos más graves, su captura preventiva; ahora bien, ésta no debería ser, pero en realidad no puede dejar de ser, un sufrimiento y, por eso, una pena; el hecho es, desgraciadamente, que en prisión los imputados están como los condenados, y hasta, a menudo, están junto con ellos o peor que ellos; y cuando un imputado inocente ha sido recluido por meses y hasta, a veces, también por años, el error a su cargo ¿quién lo puede negar? ¿Cómo no reconocer, con San Agustín, una "calamitas innocetuis" en aquella "ignorantia iudicis", que no es de este o de aquel juicio, sino de todos los "iudicia hominum de hominimus" y que así, entre otras cosas, describe pintorescamente "quid cum in sua quisque torquetur et cum quaeritur utrum sit nocens, cruciatur et innocens luit pro incerto scelere certissimas poenas non quia illud commisisse detegitur sed quia non commisisse nescitur"?

Así se aclara el inevitable altísimo costo del instituto penal; nosotros nos encontramos, en definitiva, encerrados en este círculo vicioso, de que para saber si se debe castigar, se debe comenzar por castigar. Esta es, quizá, la verdad por la cual ha sido más gravemente conmovida mi fe en el derecho.

38. El amor y el juicio.

¿Debemos, descubierta esta verdad, si no precisamente encogemos de hombros, al menos, tristemente, inclinar la cabeza en señal de que no hay remedio?

Sí y no.

Sí, para reconocer que ésta es la marca de la humanidad del proceso o, en términos más altos, de la justicia humana. El cual no es un estéril y, mucho menos, un desalentador reconocimiento! si, como para mí ha ocurrido (y por lo demás para tantos otros, más humildes y puros, antes de mí), se saca de ello la confortante certeza de la justicia divina.

Pero no se debe, en cambio, inclinar la cabeza en acto de resignación si éste debe querer decir renuncia a hacer todo lo que esté en nuestro poder para reducir la posibilidad de error. El hombre, desgraciadamente, no tiene la fuerza necesaria para alcanzar la verdad o la justicia absolutas; pero la tiene para aproximarse cada vez más. También la relación entre la justicia humana y la justicia divina puede expresarse con el lenguaje matemático, contraponiendo la fracción al cero; del cero la fracción está siempre infinitamente lejos pero lo puede aproximar al infinito.

Ahora bien, la fuerza, que permite esta aproximación, es el amor. Llegado al final de su camino, el viejo jurista que escribe estas páginas ha sacado de la experiencia la convicción de que el deber sin el amor es una cosa fría y estéril, la cual puede permitir al hombre no volver hacia atrás, pero no lo empuja adelante en el camino de la civilización.

La fórmula del juicio penal, como la de toda otra verdad del espíritu, se lee en el Evangelio: "no juzguéis a fin de que no seáis juzgados", la cual, tomada en sí, puede parecer desalentadora, incluso absurda, pero verdaderamente no significa otra cosa sino la tremenda dificultad de juzgar. En la continuación del discurso, el Señor, para vencer esta dificultad, muestra el camino: "ya que según como vosotros juzguéis, seréis juzgados; y con la medida con que hayáis medido, se os medirá a vosotros". Esta es la máxima que querría ver esculpida en las salas de justicia bajo el Crucifijo, a fin de que por ninguno sea olvidada. Si el juez se acuerda de ella, juzgará como querría ser juzgado; y esto es verdaderamente aplicación de la ley: "amarás al Señor tu Dios ... y al prójimo como a ti mismo"; y si él quisiera preguntar" ¿y quién es mi prójimo?" la respuesta le será dada también por Jesús: quien él debe juzgar no es diverso del hombre despojado y herido, que ni un sacerdote ni un levita se acercaron a socorrer, pero sobre el que se inclinó un samaritano.

39. El amor y la expiación.

Si, finalmente, no es otra cosa más que el amor la que sirve para reducir al mínimo aquel error judicial, que representa la distancia enorme entre la justicia humana y la justicia divina, no es otro el camino, por el cual, en último análisis, el problema penal puede ser resuelto.

Ya se ha visto que, limitándose actualmente la pena verdadera y propia a la reclusión, su problema tiende a la exigencia de la asistencia espiritual del recurso; sin ésta es vano esperar que se obtenga el arrepentimiento y con él la pena, libremente aceptada en lugar de pasivamente sufrida, se convierta en penitencia. Pero desde el punto de vista del juicio y, por eso, del error judicial, el problema se hace todavía más grave y la exigencia de que el recluso sea espiritualmente asistido todavía más categórico.

La verdad, que se ha de tener siempre bien en la mente, es que, no obstante toda diligencia del legislador y del juez, un residuo de errores judiciales no podrá nunca ser eliminado por el instituto penal. En prisión, pues, no están ni podrán estar nunca solamente hombres que pagan sus culpas, sino otros que no tienen culpas que pagar o que al menos pagan, a partir de un cierto momento, una pena que no han merecido. Si uno no se preocupa de esta posibilidad, o más bien de esta certeza, y no se busca remedio a esta injusticia, el problema, en su nudo más fuerte, queda sin resolver.

Hasta ahora, para estos casos, se ha pensado solamente en el resarcimiento de los daños, buscando la solución mediante el dinero. No digo que sea ésta una directriz que haya de ser abandonada; pero ¿quién no percibe la insuficiencia y hasta la miseria de ella? Prescindamos de que este remedio opera solamente dentro de los límites en los que pueda superarse la preclusión o, en otros términos, a condición de la reforma de la injusta condena, lo que, aun cuando las normas vigentes en torno a la preclusión debieran ser modificadas, presentaría en la práctica serias dificultades. Agréguese que existen, de todas maneras, errores judiciales, los cuales es imposible que reaccionen con este remedio; pienso, entre otros, en aquellos que he llamado errores negativos: no olvidemos que aun cuando un reo sea justamente condenado, la impunidad de otro reo, por él conocida, no puede dejar de hacerlo sufrir como una injusticia en su daño: el concepto de la justicia, verdaderamente, se resuelve en el de la igualdad, y que la ley sea igual para todos es el primero de sus principios. Pero la verdad es también que la pena injustamente sufrida, tanto más cuanto más grave es, puede conducir a una ruina espiritual del castigado; el que a esta ruina se le ponga remedio con una suma de dinero, ni siquiera Shylock lo habría creído.

La vía a través de la cual esta ruina puede ser evitada, o el campo sobre el cual se puede reconstruir, se encuentran sobre la vertiente opuesta de la vida: es necesario accionar no sobre la carne sino sobre el espíritu. La finalidad a alcanzar es que la pena, aun cuando injustamente infligida, sea libremente aceptada y, así, se convierta en penitencia. La justicia de la pena sin culpa sería un absurdo si no existiera, desgraciadamente, culpa sin pena, que restablece el espíritu. Pero, para transferir la pena, de este modo, del plano individual al plano colectivo, es necesario haber alcanzado las cimas del pensamiento. El mérito más grande del cristianismo es haber llevado a este grado supremo el sentimiento de la humana solidaridad. El sufrimiento del inocente por el culpable es el sacrificio de Cristo en la Cruz. Esta es la inmensa fuerza y la eterna belleza de la penitencia cristiana.

¿Difícil? Sin duda. ¿Imposible? No. Nada es imposible al amor. Basta que el reo sea amado para que aprenda a amar. Con el amor se alimenta su libertad. Basta que el inocente sea amado para que sienta cada vez más el placer de amar y encuentre en él, con la utilidad del sufrimiento para los otros, su consolación. En lugar de sufrir porque otro no sufre comprenderá él la nobleza de sufrir a fin de que otro no sufra. Este amor del prójimo se puede obtener solamente a través del amor de Dios. Cuando Dios, profundamente amado, nos revela su bondad, entonces se comprende el versículo del sermón de la Montaña: "Bienaventurados los que lloran porque ellos serán consolados".

Verdaderamente, la meta está inmensamente lejana, pero si la miseria del hombre es la de no poderla alcanzar nunca, su grandeza es la de poder ascender hacia ella sin fin.

EL PROBLEMA DE LA PENA
de **FRANCESCO CARNELUTTI**
se imprimió en la República **ARGENTINA** en enero de 2018

Made in the USA
Monee, IL
21 October 2026

66393209R00044